그냥 하지 말라 당신의 모든 것이 메시지다

個人時代

不能只是去做，重點是你「想」怎麼做！

DON'T JUST DO IT!

Your Every Move is the Message.

作 宋吉永 송길영

譯 曹雅晴

堡壘文化

目次

Contents

1 既視感 預見未來

2

變化

價值觀的液化

3

適應

思想與時俱進

4

成長
夢想在生活中的主控權

註：書中部分內容出自作者於《中央日報》、《京鄉新聞》等媒體上發表的文章，無特別註明出處。

序

我們見過未來

二〇一〇年初，復古設計的歐式冰箱於韓國上市，即使價格昂貴、性能也不突出，在韓國卻仍深受大衆喜愛。因爲獨居人口增加、線上喬遷宴等新傳播型態出現，以及對設計和生活方式的重視等變化，歐式冰箱爲傳統白色家電樹立了新的標準。隨著經濟發展幅度減緩，對生活品質的渴求增加，人們開始回顧生活，從盲目遵循傳統價値觀與習俗，轉而重新思考自己與家庭的關係和生活方式，定義出新的準則。個體想適應環境而產生的改變，無異於生物爲了生存而奮力拚命的過程，仔細觀察一定能看出一些調整方向。這正是我的工作，我蒐集人們留下的痕跡，讀取潛藏其中的人心。

我們每天生活都會留下大量資料，例如社群軟體上與朋友們的聊天訊息、汽車的行車紀錄等，不過，我並非窺探這些私密的個人訊息，而是蒐集人們在網路上寫下的文字、上傳的照片，對關注議題所發表的看法等。透過蒐集大數據，發掘其中存在的模式，再採用AI技術辨別模式，作爲理解人們想法的重要資料，顧名思義即是人心的探勘者（mind miner）。如此一來，能讓我們進一步理解潛藏在數據足跡中的行爲、原因與欲望。

其實我並不是一開始就專注於研究人們的內心，最初的動機是想觀察數據背後的模式，但是當時無從得知模式中蘊含的意義。直到二〇一〇年，受到某家報社委託，希望能從數據中展望韓國社會。在這之前，我們頂多只是推測大衆有興趣的特定商品和服務，然後發表相關報告而已，根本無法承諾是否能順利完成這項任務。然而只要接受委託，我們的名字就能刊登在主流報紙上足足五天，是個不容錯過的機會！現在回想起來，當時參與這項工作的同事們，身上的野心和衝勁實在驚人。儘管如此，如今回首發現，那時確實是我和同事們的轉捩點。

眞的可以透過數據看見社會嗎？我們當然是無法看見全貌，但卻足以理解社會的其中一個面向。

實際上，當時對衆多社會現象的判斷與看法，不久後成爲了事實，我們所講述的事更成爲某種基準，被人們引用以達成共識。看到許多人依據我們的看法進行協商並達成共識的過程，讓我們更明確意識到這件事的意義。

二〇一二年，我將那段期間的經驗與所學匯集成一本書，書名爲《在這裡看見你的欲望》（여기에 당신의 욕망이 보인다），當我們觀察人們想要的、大衆的欲望，並推測欲望能達成共識的一切，或許就能從中看見生活的模樣，更試著理解欲望的來源吧？這本書粗略整理了我們的嘗試。

後來「大數據」一詞成爲社會中的流行語，人們使用智慧型裝置在各個地方發表自己的看法，累積起來的數據成爲描述每個欲望的憑據，這些欲望的總和，是社會形成共識的重要起點。另一方面，我也在看見這些欲望相互影響的過程中，逐漸看到人們對於彼此的誤會與臆測造成多大的衝突。我們看見許多本著善意製作的主題與內容，與眞實情況並不相符。我將這些誤會與臆測集結成二〇一五年出版的《停止想像》（상상하지 말라）一書。

六年又過去了，這段期間大數據成爲各產業的某種標準，人們不再經由報紙、廣播等紙本或無線電獲取資訊，而是透過數位世界的無數平台，從發表各自想法的社群媒體，擴展到擁有個人「頻道」的一人媒體；

人工智慧作爲提供個人化資訊的網，狙擊般的將特定內容發送給特定對象。我和同事們在持續觀測想法如何變化與傳播的過程中，逐漸理解新世代的共識是如何形成的。

到處都可以看見有趣的現象，在不到十年的時間裡，過去曾關注過、且大致預測未來的幾個徵兆，正在引起社會或大或小的變化。沒錯，我敢大膽的說，我們見過未來，只是當時不知道那是未來，以爲只是短暫出現的細微變化，或是未曾見過的流行。然而我們親眼目睹過無數次變化的積累、相互影響，形成更大變化的過程，進而理解世上存在一種類似有機體的機制，讓我們彼此產生連結、使變化方向達成一致。也就是說，過去我們看見的，是提前到來的未來。

每當反覆遇到這種情況時，我的內心就會出現類似咒語（曼特羅[1]）的句子：「會發生的事情就會發生」。

會發生的事情就會發生的原因，並不是宿命論或已定的結局。人類身爲社會化的物種，對事物的喜愛或想要、期望及欲望產生共識時，事情便如願發生。這種共識推動事情發生、促使欲望相遇與碰撞，又形成盛裝更多欲望的熔爐，成爲我們的未來。

1 | Mantra。在梵文中，曼特羅是給予其他人恩惠和祝福、保護自己的身體、統一自我思想或爲了得到醒悟而背誦的咒語。

如果說這段時間，我透過數據觀察到欲望、並看見了未來，那究竟是什麼呢？這些變化將如何改變我們的生活，帶我們進入什麼世界呢？在那個世界中，我們又該如何生活？

透過數據而非模糊的感覺，看見欲望的第一則訊息《在這裡看見你的欲望》；延伸至希望人們彼此理解與體諒的觀察如《停止想像》；與此同時變化隨之加速，未來也提前一步到來。理所當然不再是理所當然，已經不能只遵循前人做過的、過去曾經驗過的，在這個紛亂的時代，我們得探索自己要站在什麼立場、如何適應與成長。

當然，我們是性格迥異的個體，各自所處的環境也不同，因此並不會同時感受到所有的變化。小說家威廉・吉布森（William Gibson）也曾這樣說過，「未來早已到來，只是仍未遍布四處。」（The future is already here, It's just not very evenly distributed.）

如同他的洞察，未來融入生活的時間點似乎也存在時差，未來已經來到我們身邊。有些人正在經歷整體的變化，有些人卻可能還沒有察覺。雖然居家辦公的時代早已來臨，但根據行業性質或組織氛圍，目前每天早上出門上班的人還是多數；另外，即使公司聚餐消失，也還是有和同事共進晚餐的上班族。

儘管自己尚未發生，但發生在別人身上的變化，或許總有一天會輪到自己。因此，即使仍未到來，也希望大家能以展望變化的心態來閱讀本書。

在這將近二十年的時間裡，我有幸在這份工作中，看見人們的想法如何變化，因此我明白了每個個體欲望的總和，即是未來發生什麼事情的「輸入」。所以，不要停止抱持欲望，即使其實一開始就無法停止欲望。欲望是從期望自己生活更加安穩的微小心願開始，是源於對自己的存在不要因離開而被遺忘的本能，到企求自我受到他人的尊重、能具有影響力等等的無窮欲念中誕生，因此我們永遠不能停止欲望。

請抱持著欲望，嘗試自己想做的事。從現在就開始，會發生的事情就一定會發生。

會發生的事情
就會發生

일어날 일은 일어난다.

1

DEJA VU
既視感

預見未來

我成立了名爲意見探勘工作小組（Opinion Mining Working Group）的研究組織，由於數據成千上萬，因此設置了以研究「企業或機構如何運用數據」爲宗旨的組織。如今回頭來看，這是一個極爲功能主義的觀點，想的是「我的手裡有這個東西，該怎麼使用呢？」，正如有句話說，「當手上握有錘子，全世界看起來就只有釘子」。

我在尋找實用性時，才發現實際上的用途很有限，於是我從另一個角度觀看，如果大數據是人們累積而來的痕跡，那麼我想找出痕跡形成的原因以及想表達的內容，尤其想釐清「群體」而非單一個人說了哪些話，還有背後的含義如何變化。

但是，單憑我們這些數據分析師的想法是不夠的，我們還與行銷、商品企劃和品質管理的負責人一起閱讀數據、分析其意義。另外，爲了進行跨學科的研究，更邀請了傳播學專家、心理學家、人類學家、社會學家及技術專家等各領域專家來演講；同時聽取建築師、作家、紀錄片導演等創作者們的觀點，而促成這種交流的正是意見探勘工作小組。

舉例來說，電視這個物品具有什麼樣的意義呢？最近在社群上常看到電視放在客廳的角落，以前的電視則放在正中央，那時候的客廳有誰呢？答案是爸爸，爸爸總是睡在客廳。我曾在上一本書《停止想像》中解釋過，爸爸工作勞累，和家人的情感連結不如媽媽的角色緊密，在家中難以維持自我認同。儘管無論如何都想與家人待在一起，卻因爲關係尷尬，經常以看電視爲藉口待在客廳直到睡著。現在偶爾也會出現這樣的貼文畫面：週末早晨，穿著汗衫背心的大叔獨自看電視，同時搭配一行「一睜開眼，準備好早餐就開始看《動物農場》」的文字，他可能還會在節目播畢前就開始打瞌睡。

然而更多爸爸在週末的形象早已別於過往，客廳裡電視的存在感明顯減弱，常看見更多家人一同共度時光的模樣。過去搬家時，會先以對準客廳牆壁左右兩側的距離，優先確定好電視的位置後，再擺設其他傢俱；現在則是書櫃占滿客廳牆面，奪走電視原本中心的位置。取而代之的是，電視長出了「腳」，現在對電視的需求，最重要的是「機動性」。多虧裝有立架可以四處擺放的電視，讓客廳不再只是躺著看電視的地方，而是成爲多功能與凝聚情感的空間。從這裡可以看出家庭的變化，以及爸爸的變化。

坦白說，我也曾經是一位常常在外活動、典型的韓國爸爸，但二〇一三年分析過關於客廳與爸爸的數據後，我突然清醒了，覺得如果一直這樣生活下去，遲早會遇到問題。在那之後，我有意識地安排更多時間與家人相處。我想，或許有很多爸爸也都付出了類似的努力，才有如今客廳景象的變化。

仔細回想，像這樣的案例不只一兩個，過去還有更多有趣的觀察、推測，加以謹慎的推論，在幾年內成爲現實的故事。本章正是講述這種令人有種「既視感」的故事，關於變化的既視感。

未 來

已 提 早 來 臨

미래가 당겨졌다.

關於狗的各種故事

以前在詢問午餐菜單時，有些人會問「吃狗肉嗎？」，這要是放到現在，可能對方會完全無法產生共鳴。有位歐洲女演員，曾批評韓國食用狗肉的文化，當時韓國人爲此感到相當憤怒，覺得是西洋人在恣意辱罵自己國家的文化。然而現在萬一遇到同樣的情況，大家的反應說不定就會截然不同了吧？

讀到這段時，或許有人會訝異地覺得這都多久以前的事了，其實改變才發生不久而已。對某些人而言，這可能是十年多前早已結束的事情，但對有些人來說，可能只是幾年前的記憶；甚至，有些人現在也會遇到這樣的情況。

我們習以爲常的礦泉水也是如此，在一九九五年以前是禁止販賣的商品，當時擔心如果特別管理像空氣一樣存在的水，可能會助長階級之間的衝突。這些當時是錯誤而現在正確的事，若延伸到現在來思考，看似理所當然，未來卻不見得仍然如此。

狗成爲可愛的寵物、與我們一起生活的「同伴動物」距今還不到二十年，「同伴」這個詞的出現就是開始照顧對方的證據，人們也自稱是「伴侶」。人類是不是放下了身爲萬物之靈的地位，意識到自己是與自然萬物共存的存在呢？卽使同爲人類都會相互鬥爭，而今「同伴」這個詞似乎對過去狹隘的「共同體」觀念，有了更廣泛長遠的思考，或許意味著人類也懂得謙虛了。

若要準確推測這個具有意義的變化，「同伴動物」一詞在二〇一六至一八年多了近乎兩倍，「同伴植物」則足足增加了四倍。卽使不看大數據，從近十年來未婚、未生育的趨勢也能看出同伴動物的崛起，因爲從根本而言，人類本是孤獨的存在，需要一起生活的對象。當想要一起生活的意念從每個人心裡擴散，就會推動產業的改變。最典型的例子是動物醫院的興盛，最近狗的植牙和老狗的白內障手術很受歡迎，一隻眼睛四百萬韓圜、一雙眼睛六百萬韓圜，雖然費用相當昂貴，但是大學附設動物醫院的預約卻源源不絕。像我居住的社區，爲人看診的醫院在商場二樓，動物醫院則位在一樓且全天二十四小時營業。由此可見，我們對動物的態度還更認眞，甚至願意負擔更昂貴的租金。

同伴動物的食物，也根據人類的標準來生產，一些印有「人用級寵物食品」字樣的包裝上寫著使用高品質食材，甚至連人類也可以食用。有人建議，動物醫院的監管機構，應該從農業部轉移到衛生福利部，因爲同伴動物不是家畜，而是家人。我們的數據顯示，使用「我們家的老么」來描述家中的狗已經有一段時間了。此外，不知從何時開始，汽車廣告中出現了家中狗繫上安全帶的模樣。儘管現在狗的安全帶仍然是附加配件，但不久後，就很可能成爲購買汽車時的標準配備。

面對這樣的情況，有些人認爲這太小題大作，但也有些人覺得理所當然。我們是否能接受生活中發生的所有變化呢？每個人對生活的理解因敏銳度不同而不同，產業前景也隨之不同。如果要解釋狗安全帶的出現是怎麼一回事，不如說只爲人類製作安全帶的市場未來將逐漸衰退，畢竟目前韓國每年出生的嬰兒數不到三十萬。

作爲一個長期不看電視的人，最近爲了在大螢幕上觀賞 Netflix，我去了賣場購買電視。由於書架靠在客廳的牆上，家裡無法找到合適的位置安裝電視，因此我打算購買移動式電視架。在賣場，店員問我「家中是否有同伴動物」，原來是貓咪可能會爬上電視機，導致支架不穩，螢幕甚至可能會倒下摔破。如果家裡養貓，店員就不建議購買了。從這個角度來看，有同伴動物的家庭都可能面臨類似的處境，反過來看，如果有更穩固的電視支架，應該能夠賣得不錯吧？至少我會買，因爲對我來說，貓比電視更重要。爲用戶的需求考慮愈多，專利費用也會隨之增加。雖然全國養貓人口相對較少，但像我一樣熱愛貓的人都對牠們滿懷愛意，即使價格稍高，我仍會選擇購買。因此，體貼周到的產品會自然形成一個良性的回饋系統。

現在的商品設計，需要更細緻地思考人們的興趣和喜好，而非只考慮生產規模和經濟效益。重點是提供生活體驗而非單純的物品，因此，我們應將焦點放在生活中，不只專注在技術和功能層面，更需滿足消費者多元化的需求。希望我們都能繼續觀察整體生活的變化，並懷抱一顆體察每個人生活都「不同」的心。

看似理所當然，其實並非如此

觀察這些數據的同時，我不免也好奇人們的想法究竟會如何變化呢？前面提到狗的安全帶，事實上汽車也發生了許多改變，這部分我會在後面說明，同樣也是某種既視感。

家裡的狗出現在汽車照片中，這是比較近期才出現的現象，我們一直在持續採錄汽車出現的場景，以記錄成汽車的變遷史，甚至保存有以前將神明桌擺放在汽車前的照片。在我小時候，現代小馬汽車的價格和首爾郊區的房價差不多，車子是一筆可觀的資產，當時價格昂貴且路況不佳，由於擔心行車安全總會舉行祈求平安的祭拜儀式，類似某種薩滿信仰。後來變成站在車旁邊的簡單合影，當然也是為了展示汽車品牌，因為高級汽車的品牌標誌已成為重要的社會地位指標，是一件值得誇耀的事，當時甚至很流行下車比坐車還重要的玩笑。現在，相較於炫耀，更多的還是小孩或家裡的狗乘坐汽車的生活感。我們透過意見探勘工作小組觀察了這歷時十六年的變化。

然而這次的新冠肺炎加劇了變化的幅度，首先，人們待在車子裡的時間增加，需要長期保持社交距離，出外旅行既困難又麻煩，因此受到想要擁有個人空間的欲望驅使，形容擁有駕照卻沒有開車，像放在衣櫃裡面一樣，純觀賞用而已的「衣櫃駕照」正在逐漸興起。

此外，在車上進行的活動也更加多元。以前最多只能在車上聽音樂，一九三〇年代的加州，法律還曾規定禁止在車上安裝收音機，認爲開車聽音樂會分散注意力。與那時相比，現在在車上可以做相當多的事情，喝咖啡、看 YouTube、拍照上傳 Instagram、準備食物去汽車電影院，還可以拿 KTV 麥克風在車裡唱歌。

對汽車公司來說，這是件值得高興的事，代表著汽車的意義已擴展爲生活空間，不再只是單純的移動工具。無論在哪個空間裡，隨著在其中的行爲增加，就會促進相對應的商業活動。現在對於高品質影音系統的需求增加，在車上聽音樂、看電影、玩遊戲的音質和畫質要求也愈來愈高。

人們甚至在車上睡覺，出現了露營和車宿，意外的是，「車宿」在新冠肺炎之前仍是數據中看不到的詞彙，與二〇一〇年開始出現的「露營」相比，兩個相似詞彙的差異顯得更加有趣。

觀察「車宿」出現的地方，特別常看見「＃Ray 車宿」的主題標籤。Ray 是一款以輕型車的高效率和可愛設計著名的小型廂型車，隨著最近的車宿熱潮，這款幾年前上市的車再度受到歡迎。「＃Ray 車宿」是展現「美好生活」的代表性主題標籤之一，社群媒體上 Ray 車宿的畫面遠漂亮於其他車宿的畫面。

除了 Ray 車宿外，許多人也會在社群媒體上記錄第一次車宿，畫面主要如下，車子是擁有足夠空間的ＳＵＶ運動休旅車，而且一定會出現同伴動物！透過一張照片傳達我和我的狗一起品味人生這一刻的美好，也因此車宿中全景天窗格外重要，必須在漆黑的夜空中，仰望平常隱匿在都市燈火之下的繁星。

其中最引人注目的是，大家彷彿彼此說好了似的，照片中都有從後車廂看出去的景象。汽車的照片大多是拍攝手放在方向盤上或是車子的外觀，似乎是第一次從車子後端拍攝外面景色的構圖，神奇的是，只有車宿才能看到從車內望向外頭的風景。

看著車宿的後車廂風景，聯想到從傳統房屋結構中所學到的「借景」，將庭園外的周圍景觀納入自家的籬笆內，形成內部與外部合而爲一的景色。比起打造庭園、築牆且擁有自己的景致，更傾向眺望遠方的風景，即使在簡樸的房子裡也能吟風弄月並感到幸福，是一種智慧。

然而，不是每個房子簡樸的人就能享有借景，除非如原始人般生活，否則就需要權力才能坐擁一個可以借景的地段，這也是現今漢江沿岸公寓價格昂貴的原因，得支付數十億韓圜才能觀賞漢江的景色。

談論到空間的時候，我們總會提到「考試院般沒有窗戶的空間」還有像電影《寄生上流》一樣「從半地下室望出去的視線」等，雖然早就知道「景色」對我們而言很珍貴，然而最近的數據顯示出韓國社會對「風景優美的地方」的渴求不斷攀升，這項趨勢表現在 Instagram 上「漢江沿岸公寓風景」的照片，還有「落地窗」必然會出現在咖啡廳照片中。

在都市裡眺望遠景是件極爲困難的事情，通常無法享有漢江的景色，但是有車的話則不同，車宿是個能夠以非常實惠的價格來借景的機會。換句話說，後車廂的風景是實現借景的相框，如果可以從相框內的孩子背影、或同伴動物的表情等被攝者中感受到閒適與幸福，一切都值得了。假如我們所投身的事業可以創造出這個美麗的畫面，就有可能迎來全新的機會，像是「#感性車宿」中必備的燈光和野餐桌，星巴克因爲擅長營造這類氛圍，所以商品大獲成功。

這個例子是展現未來生活的暗示，汽車的機動性將帶來許多改變。如果難以買到視野好的房子，可以開車移動。雖然這只是一部分的例子，但汽車的機動性的確在某種程度上使定居的生活流動化。

以前認爲在家休息、出門上班的移動過程雖然疲累，卻在所難免，因爲這能明確區分兩者的功能。現在卻不同於過去，在職場中能夠結交朋友，在家裡也可以工作。如今，我們不只是在車上聽音樂或看書，而是正在發展成能夠過著多元型態的日常生活。

不過上述例子並不是前所未有的情況，數位遊民一詞早已存在，我從二〇一五年開始，就在數據中觀察生活的流動性，當時因爲「工作場域」的物理空間是固定的，較難離開長期生活的環境。然而隨著居家辦公和元宇宙的出現，產生了工作場所是否一定得在某個地方的疑問。同時伴隨著技術的發展，例如車宿的主要問題是中央空調、水管和用電，以前的汽車需要增加許多額外的設備，隨著電動車的發明，躍進的技術輕鬆解決了原先的問題。

也就是說，基礎建設和技術的進步，擴大了人們的選擇範圍。

這些變化會產生什麼樣的結果？如今汽車將成爲具備大型電力系統的「空間」，空間是承載「經歷與體驗」的場域，汽車也將成爲承載經驗之所，就像家也能變成辦公室一樣，移動的汽車不也變成辦公室了嗎？

我在二〇一三年參與賦予手機意義的專案時，曾定義過空間。如果說家是第一空間、職場或學校等生活中常去的地方是第二空間、公演場地和旅遊地點等具有休閒感或儀式感的場域是第三空間，那麼連接三個空間的流動性則是第一點五或二點五空間。當時對於流動性的空間沒有什麼特別的體驗，也沒有充足的功能，主要目的只是盡快移動而已，但是現在能在這個空間裡完成任何事情的話，就不會只是快速移動，還是個可以停留的空間吧？

早在二〇一六年日產汽車就嘗試過以汽車打造辦公室的概念，預計類似的嘗試將會逐漸增加。以前使用汽車是爲了前往辦公室，現在汽車卻變成了辦公室，不僅成爲第二空間，還可以在裡面睡覺，如此一來就變成了第一空間；還有，假如去特別的地方車宿的話，就是第三空間。

像這樣有助於流動生活的各種服務誕生，使人們能夠長時間停留在車上。

如果我們以汽車爲中心持續累積體驗的話，將迎來什麼樣的生活？有可能是高喊「Go, West!」的美國西部時代生活、搭乘五月花號移動的生活，也有可能是像麥哲倫一樣的生活方式，想想若成爲數位遊民，我們的生活將會變得多麼多采多姿；同時，也得觀察這樣的變化會對生活中的哪些部分有幫助或造成缺失。

對理所當然
保持懷疑

당연함을 의심하라.

例如數位遊民生活該如何進行國民基本教育？有可能是線上教育，也有可能是在各地區安排的定點進行課程；又或者以在家自學爲主，也有可能決定不生小孩。

我們從事的行業如何對多樣化的生活更有幫助，也值得去思考。例如可以像提供卡車司機休息的服務區一樣，打造能夠隨時盥洗等等的休息空間。同時也必須重新定義居住的地方，以前的地址是固定的，但在數位遊民生活中，或許只能使用「現在住在〇〇」的方式回答，因此我們的歸屬感、認同感，還有社會基礎建設，都會與現在大不相同。

現在仍對這個變化感到陌生嗎？其實變化早已開始。從數據來看，變化遠早於我們所想像。並且，等我們認知到變化開始的時間點時，這份「既視感」，又會令我們再次感受到，這好像是很久以前就已經發生過的事了。

蔥泡菜，其實是存在已久的問題

透過演講發表我們團隊學習和研究的內容已超過十年，然而二〇二〇年初突如其來的新冠肺炎，使我的演講也不可避免地發生了變化，像是使用 Zoom 等等讓許多上班族和學生們，都感到混亂的線上交流程式。過去在演講的時候，我會從聽衆的反饋中學到很多東西，透過他們的眼神、點頭、共鳴、笑容等，可以得知我的表達或想法中，有哪些部分需要更加著墨或強調。然而線上演講就難以期待得到這些反饋，因此一開始非常混亂，我問過其他演講者，他們也擁有類似的情況。

不過人類是適應的動物，不知不覺間，線上演講已成爲常態，我還曾經同時對著六十多個國家的聽衆進行線上演講，這是短短不到一年間所發生的事情。

於是又再次感受到，變化眞的很快速，而且我們非常善於適應變化。這正是我們要談的內容，如果說先前提到的變化，是不知不覺發生在我們的生活中，那麼接著來看看在這次新冠疫情所帶來極大的變化中，人類如何爲了生存而努力，也就是人類面對苦難的奮鬥記。

這場全球大流行是現代人類活到目前爲止，從未經歷過的全球性衝擊，生活中每天都會發生許多令人驚訝的事。不停聽到各種使用「規模最大」來形容的消息，這不只是口頭上所說的嚴重而已，從數據化的資料裡，也能看見實際情況有多嚴重。每天都會統計國內乃至全球的確診者趨勢和死亡人數，例如，直到二〇二一年九月，死於新冠肺炎的美國人超過六十六萬名，已大於自一七七五年以來，美國參與的全部戰爭中所罹難的美國士兵人數（約六十五萬）。我不認爲「正在與病毒展開一場大戰」只是個比喻而已，從人們至今仍記得一九一八年肆虐全球的西班牙流感來看，我認爲新冠肺炎留下的傷痕在一百年後仍會存在。

我的同事們在分析數據時，通常會觀看一萬兩千至一萬八千個分類的資料，有時候甚至更多，從中挑出語義發生極大改變的關鍵字，來觀測其中的變化。二〇二〇年一月至六月間，共有兩千一百五十多個關鍵字出現了這種變化，數量比起過去多出三倍左右。短時間內改變了長期使用的語義，光從這點來看，就可以感受到病毒正大力撼動著我們的社會。

在這其中，比較一至二月、三至四月和五至六月這三個時期，出現了語義發生極大變化的詞彙，分別是「蔥泡菜」、「高三」和「一個人」，觀察這些關鍵字突然出現的原因、以及在什麼背景下使用，可以推測出我們與病毒共存的生活是什麼樣子。

首先，來了解「蔥泡菜」吧！忽然之間「蔥泡菜」的提及量從二〇二〇年三月開始急速增加，當變化突如其來的時候，自然而然會好奇發生的原因，爲什麼會變動呢？

我第一個想到的可能是「擊退SARS的泡菜」傳聞，二〇〇二年中國飽受SARS所苦，當然，韓國也有感染SARS的患者，所幸幾乎沒有死亡案例。當時中國人好奇韓國人對抗SARS的祕訣（？），然後提出了可能是因爲泡菜的假設，並推斷泡菜中的辛香料可能具有抵抗病毒的作用。雖然目前尚未證實這個假設是否正確，但是當時在中國人之間掀起了一股泡菜的熱潮，這次的新冠肺炎也是病毒所引發的疾病，因此我才推測這個假設是否又再度盛行。

然而事實並非如此，仔細觀看數據的話，會發現一二月的蔥泡菜與「美食餐廳」、「吃」等詞彙一同使用；三四月的時候，伴隨「媽媽」、「每天」、「小孩」等詞彙；五六月的蔥泡菜則是與「時間」、「第一次」、「外出」等關鍵字一起出現。關鍵字的使用情形與背景、含義都產生了變化。

一二月的蔥泡菜指的是食物，但到了三月之後，蔥泡菜變成了媽媽的代名詞（韓文中以「變成蔥泡菜」形容筋疲力盡的狀態）。媽媽因長時間照顧小孩感到疲累，確切來說當然不只是母親，而是所有的主要照顧者，有的家庭可能爸爸是照顧者，有的家庭可能是爺爺奶奶、姑姑叔叔，又或者是阿姨，雖然大多數家庭的主要照顧者仍是媽媽。一二月放寒假、三四月無法上學，因繁重的育兒和照顧而疲憊不堪，到了五六月，開始有條件開放上學，呈現出「現在好多了」的情況。數據證實在新冠疫情之下，主要照顧者照顧孩子是件非常辛苦的事情，並驗證了「蔥泡菜」一詞的含義產生變化。

病毒使我們重新領悟到很多事情，像是雖然大家都知道育兒很困難，但經過這次才深刻體會，也認知到學校這個空間不只是單純提供教育而已，還擔任了重要的育兒角色，大家對此再次滿懷感謝，同時也形成了需要更穩固的育兒體系的共識。新冠病毒不僅改變了蔥泡菜的含義，更讓我們察覺正在費盡心力完成照顧者、育兒等平時以爲理所當然的角色。

接著，我們來談「高三」，這之中充滿煩惱與不安。

突如其來的遠距教學讓所有學生都感到不安，舉例來說，「小一」的學生就是如此。國民基本教育的第一階段是小學一年級，上小學前，因爲是學前教育服務的消費者，可以自行選擇教育體系。但從小學開始，必須在規定期間內遵循自己所處的教育體系，極具強制性，一定得聽老師的話、遵守秩序等班規或潛規則。新冠疫情之後，小學一年級的學生不去學校而是在家裡，老師只存在於電腦螢幕中，很難像過去一樣，在既定的空間裡制定遵守本分、集中注意力等規則，更何況這是他們第一次體驗上學，這樣的開始不只對孩子，對老師、父母而言也是既陌生又混亂。

當然，危機也是轉機，二〇二〇年的小學一年級可能成爲新教育系統的適應者、或是產生變化的起點。相較之下，「高三」的線上教育則助長了對於差距的不安，而不是新的可能性。雖然新冠肺炎帶給社會的影響不只一兩個，但長遠來看，最令人擔心的是學習差距。國民基本教育在尚未準備完全的情況下，突然轉換成遠距教學，產生了無可避免的副作用。比起在學校教室上課，課程的緊密程度可能會降低，或學生難以集中注意力。人們擔心會出現學習成效不彰的狀況，社群大數據中處處可以看到「不容易用生字簿讓孩子練習」的不安，還有高三生「可以贏過接受私人教育的同學嗎？」的恐慌。

尤其高三生的不安之所以會大幅上升，不只因爲高三是個重要且困難的階段而已，高三生的升學競爭對手，除了處於相同情況的高三生外，還有重考生。相較於已順利完成過正規教育課程的重考生，對五月份才第一次回到學校的高三生來說，要與前者一起站在同個基準點上競爭並不容易。

這兩者的差距，可能比我們想像的還要嚴重，高三生的不安也源自於此。如果家中有高三生的話，這早已是正在煩惱的問題，但對家中沒有高三生的人來說，就會感到有些陌生。危機發生的時候，並不是所有人都會受到相同的損害，而是可能對於正處於轉捩點的人來說格外嚴重。雖然我們都在經歷危機，但我認爲應該要傾聽身處人生轉折階段的人的故事，一起思考對策，同時也是珍貴的經驗。

學校課程難以順利進行導致可能會落後的擔心，不只是因爲入學考試而已。高三生的煩惱除了入學考試外，還關係到人生的職涯發展。畢竟現在是個即使勉強上了大學，也難以找到工作的環境，如果現在落後而無法照原定計畫升學，就會持續冒出各種像是對日後就業有什麼不利、帶給自己人生什麼影響等不安的想像。

最近企業大幅降低公開招聘，雖然可能是考量到大規模招募人員的過程中存在感染的風險，然而即使如此，近年公開招聘逐漸減少早已是事實。過去，大企業在公開招聘中僱用了許多新進職員，由於採用相同的錄取標準，從公司的角度來看，新入職者的能力都差不多，因此，雖然員工各有希望進入的部門，公司卻會隨機安排，並且每隔幾年輪調部門，視為公平對待同期同事的做法。我認為在這樣的系統中，員工的替代性可能非常高。

然而最近開始以職務招聘新進職員，即使是新人，也必須具備該職務所需的能力才能進入公司。如此一來，雖然公司會進行教育訓練，但招聘對象轉變為錄取已學習過專業教育的學徒或實習生等，沒有相關經驗的新人則難以進入公司。雖然後文會仔細說明，不過職業的自動化將大規模進入工廠且延伸到辦公室，變化的速度逐漸加快。

由於公開招聘等職缺任用減少，有關離職或退休的提及量也隨之降低。一般最常見到離職與退休的時間是三月，三月是個統計出一整年績效、得到獎勵，同時回顧個人職涯、並下定決心展開新挑戰的時機，如同大家所知，年初的晉升與人事異動也是重要因素之一。

但就像前面所提到，最近的企業不招聘人員，在第四次工業革命、自動化等局勢中，又加入了新冠疫情帶來的不確定性，許多企業與組織都在謹慎規劃未來並保守行動，愈是如此發展，愈難引進新的人力，這也是離職受到牽制的原因。

第三個要談的是全新的生活方式，有關上班族的關鍵字「獨自」的提及量急速上升。我們聯想到的是，由於居家辦公省下了通勤時間，突然多了許多「獨自」在家的時間。或許也因如此，「今天」、「時間」等關鍵字的提及量也隨之上升，使用這些詞彙的情況大致可總結爲「我多了很多時間，即使獨自一人，是不是也該做些什麼？」。

韓國人的社交生活非常繁忙，白天上班、下班後與人交際。一天本就短暫，再加上生活中本就有許多要處理的例行事項，所以無須煩惱每天的行程。然而新冠疫情的出現，得要保持社交距離、居家辦公等，突然多出了獨處的時間。

原本還想趁機休息一下，卻因爲感到無聊，去嘗試了過去從未想過要試的東西，結果製作了椪糖咖啡。只要撕開幾包即溶咖啡、再攪拌幾百次後，就會變成美味的咖啡，大家也嘗試過嗎？有趣的是，「椪糖」提及量大幅度上升的時間點是二〇二〇年三月一日，這是首爾市宣導保持社交距離後的第一個週末，因爲不出門，所以想著「無聊來試試看，反正時間很多」。這項消遣在兩週後風靡全球，名字也使用與韓文完全相同的「Dalgona」。看來無聊是全球的共通點，全世界都接受了起始於韓國的迷因（meme）內容。

但是椪糖的熱潮並沒有持續很久，因爲攪拌幾百次的動作與勞力密集型產業太過相似，加上是非生產性質的勞動，投入時光卻沒什麼「投資效益」。其實無論休息或盡情度過快樂的時光都是一種體驗，只是持續這樣生活，難免會開始感到不安，「我是不是該做些什麼？」這種「上班族」的產出壓力油然而生。

光是二〇二〇年三到四月間，有關「非生產性」的關鍵字還有「購買」、「壓力」等，五月之後則開始與「獨自」、「重視」、「時間」、「書」、「電影」等詞彙一同使用。厭倦了度過非生產性的時間，居家運動、讀書、看電影或學習新東西等活動不斷增加，轉眼間，這些活動已超越消磨時間的層面、成爲全新的課題，也就是自我開發。

因爲想學習的內容很多，大家開始學著制定計畫，彷彿小學時期的暑假生活計畫表，密密麻麻地塡滿每一天，然而這眞的能夠好好執行嗎？實際上，很難執行超過三天。雖然充實的計畫表能夠展現出意志這點很好，自我鞭策的動力卻很薄弱。

那麼該怎麼做呢？就是告訴周圍的人，你與自己的約定。例如宣布：我從今天開始要早起讀書、運動、冥想以及認眞生活，早晨奇蹟挑戰就是代表性的例子。清晨起床後，使用顯示時間的應用程式拍下書的照片、上傳到Instagram。不知不覺中追蹤的朋友們會發現「他很努力生活啊」，大家稱讚的同時也在給予支持，如此一來，即使中途懈怠也不敢停止。使用「#記錄stagram[2]」的主題標籤來證實自己，是持續實踐最有效的動力。

像這樣持續實踐新事物，彼此交換經驗的文化正在形成。如何度過

2 | 韓國社群用語，常使用於 Instagram 主題標籤中，用語由「動作／事件等」加上「stagram」所組成。

多餘時光的新方法也不斷出現，這代表我們還無法完全放下產出壓力。

前面回顧了我們在新冠肺炎中的奮鬥。

媽媽是蔥泡菜。

高三是極度不安。

上班族是產出壓力。

透過回顧新冠肺炎所帶來的變化，才發現到矛盾的是，這些問題並非第一次出現，不是因爲新冠肺炎而引起的變化。

媽媽之所以辛苦，是因爲被迫負責照顧、家務，甚至犧牲職涯等社會中各種混亂的現象；高三生因爲眼前些微的落後，害怕一輩子在無止盡的競爭中遭到淘汰；上班族則是在低成長與就業不穩定的不利環境中，努力保障自己的生活。

家務勞動、無止盡的競爭、低成長與就業不穩定，這些都是我們社會中存在已久的問題，只是就像梅雨季沖刷出埋在地底下的垃圾般，在這次的危機中展露無遺，並不是不會存在的問題。

我認爲應該可以藉此機會，從根本上修正這些存在已久的問題。許多老師表示他們未來將積極利用線上教育，除此之外，我們也可以思考其他不去學校的教學方式，並設計出高品質的線上教育內容。

那麼，我們該如何改善由家庭和學校共同分擔的照顧責任呢？與其增加比重已經很高的家庭照顧責任，提供新型態的社會支援或許更適當，單憑重中個人的責任感、或緊密的家庭關係似乎不是正確的方向。

聽過「K-Daughter」嗎？韓國的女兒們在吃到美味的東西或看到好東西時，會上傳感到愧疚的文字，理由是因爲媽媽無法一起享受。對母親產生「原罪感」的同時，也令人再次感受到，母親是父權體制下的代罪羔羊這可悲的現象。每個長大成人的女兒，背後都有著每個家庭中犧牲的媽媽，女兒因此竟要壓抑自己享受應有的快樂。明明是社會資源的不夠完善，卻造成個體受到連坐法般的痛苦。

不只女兒，連參加選秀節目的男高中饒舌歌手，都表示自己努力饒舌是爲了盡孝，這與提到饒舌歌手時經常聯想到粗獷、叛逆的形象截然不同。一輩子辛勤工作的父母，他們的晚年生活應該要由社會來保障，社會卻將一切負擔轉嫁到子女身上，究竟每個人從小就背負了多少沉重的義務呢？

這也是我們社會的舊習，據說世界上強調家庭主義的國家有韓國、日本、香港、新加坡以及臺灣，其中韓國最爲盛行。過去的韓國社會都是以家庭爲單位換算，大衆普遍認爲若家庭破碎，社會結構就會隨之崩解。舉個明顯的例子，即使以低生育率爲由鼓勵生育，卻仍忌諱沒結婚就生小孩。這不只是社會上的禁忌，連社會制度也大多是以家庭爲中心訂定，因此實際支援並不完善，進而出現了社會支援無法觸及的死角。

不是只有照顧的問題而已，正在成爲社會問題的老年貧窮也是如此。一九八一年，韓國以一九六〇年代的老人福利政策爲基礎，制定了《老人福利法》。當時的前提是「沒有扶養義務人」，如果有扶養義務人的話，則會被排除在第一順位的支援名單外，即使獨居老人難以維持生計，政府也會採用「先請孩子們照顧，他們無法負荷時再來申請」的方式推卸責任。稅金是以個人爲單位繳交的，照顧福利卻要以家庭爲單位才能申請。當我們遇到困難時，國家應該是提供照顧的一方，這時卻反倒讓家人承擔，不是個弊端嗎？雖然現在訴求改變整個制度的嘗試與共鳴愈來愈多，我們卻必須再次深思，過去這段時間裡，比起制度，我們內心所積累的責任與義務的包袱有多大，以及緣由爲何。

社會制度以義務般的規格要求家庭關係應「和諧緊密」，然而新冠疫情的契機，讓制度開始產生動搖。在企業裡，年輕職員最厭惡的就是「像家一樣的公司」，自己的家人其實在家裡不在公司。不如藉此機會試著改變這些曾是理所當然的狀態如何？

已經見過的未來

爲了保持社交距離，難以進行戶外活動，因此除了自我開發外，許多東西都進入了家裡，例如家庭咖啡廳的出現。我們習慣每天喝咖啡，外出去咖啡廳又必須格外謹慎，藉此在家中添購咖啡機等裝備、製作焦糖拿鐵等高檔飲料，這樣的文化正在興起。

回顧新冠肺炎帶來的
生活變化才發現，
並不是新冠肺炎才引起變化。

只是社會中存在已久的問題，
在這次展露無遺而已。

코로나19가 일으킨 삶의 변화를 돌아봄으로써
알게 된 건,
코로나19 때문에 생긴 변화가 아니라는 것입니다.
우리 사회의 오래된 문제들이
이번에 격정적으로 노출됐을 뿐이었습니다.

這同樣也不是新的樣貌，近幾年打造家庭咖啡廳的人逐漸增加。看著這樣的情況，再次感受到我們的生活品質正在提升，也深刻感受到興趣和嗜好在我們的生活中變得非常珍貴。

你知道在韓國「美式咖啡」這個詞是從什麼時候開始普遍使用的嗎？答案是二〇一三年，其實並沒有想像中那麼久，自二〇〇八年左右首次提到不加砂糖和奶精的苦咖啡以來，美式咖啡成爲年輕女性最喜愛的飲料、中年男性飯後習慣喝一杯的飲料，還有現在的老年人也會喝美式咖啡。截至二〇二一年，韓國總共有九萬間咖啡廳，穩居咖啡市場龍頭的星巴克在韓國坐擁一千五百間以上的門市、年銷售額超過兩兆韓元，不過從整體咖啡廳的數字來看，星巴克還有充分的發展空間。

這不僅是咖啡的興亡盛衰，而是足以解釋爲我們社會對文化的接受度。我在前作《停止想像》中曾提到咖啡在不同時段所代表的意義，早上九點的咖啡是喚醒睡意的提神咖啡，下午一點的咖啡是確認自己身爲上班族的一員、仍好好堅持住的慰勞咖啡，下午四點的咖啡是緩解職場生活疲勞感的解憂咖啡。如果這些咖啡背後的意義是如此，味道與質量可能不是絕對的選擇標準。

但現在仔細研究與品嚐咖啡的人愈來愈多，卽使是平常只喝卽溶咖啡的人，也會在邀請鄰居喝咖啡的時候，動用像皇家哥本哈根一樣的高級茶具；或是做完家事，從陽臺望向窗外景色一邊品嚐咖啡時，味道與氛圍也很重要，從一杯咖啡中，也能看出我們想好好過生活的欲望。

整體收入成長、生活水準提升、科技更加發達，使得豐富的生活成爲了可能，我們就愈期待與渴望更好的生活。因此，過去認爲「有必要做到這種程度嗎？」的事、鮮少講求細節的事，現在卻被視爲理所當然。因爲理所當然的細心，是創造豐富生活的先決條件。

人們在疫情下無法去咖啡廳，所以在家隨便喝個咖啡嗎？當然不是，享受喝咖啡時光的人，卽使在家也不能捨棄如咖啡廳般的體驗。全自動義式咖啡機等足以滿足個人嗜好的厲害設備，就這樣開始進入家中，既然投資了咖啡機，對機器中咖啡豆的品味也隨之提升。由於有愈來愈多人想要新鮮烘焙的咖啡豆，現在還出現了定期配送咖啡豆的服務。

更多相似的情況，讓許多原先在外從事的活動進入家中，嗜好與專業也因此進到家裡。例如居家運動也不再只有獨自一人，而是透過網路在老師的專業指導下進行，像是美國健身品牌派樂騰（Peloton Interactive）提供的服務。加拿大體育休閒服裝品牌露露檸檬（Lululemon Athletica），也收購了提供線上運動教練的健身魔鏡（Mirror），快速打入市場。家中添置了設備，並安裝連接外部的網路，這些變化對於產業而言全都是機會，當然對於現有的部分產業來說，則是一場危機。

看到這裡，我突然感覺到了什麼。

「好像不是現在才第一次看到這些東西。」

這通常被稱爲「既視感（Déjà Vu）」，現在發生的事情好像過去曾經歷過一樣，因此產生了既視感。既視感原本是醫療用語，依照字面上的意思，可以解釋爲「似曾相識（already seen）」，指的是事實上從未看過，卻誤以爲好像見過的現象。但是我所感受到的既視感並非錯覺，這不是第一次觀察到的現象。

事實上，我重新審視過去十六年間的數據，發現了三個必須持續關注與討論其變化的重要議題。這些是以前曾發生過，現在卻因爲新冠疫情而加速，甚至將日益增強的變化。換句話說，即是「變化的常數」，接下來，我將說明這三個變化。

變化的常數1：分化的社會

第一個關鍵字是前面也提過的「獨自」。

常說韓國人靠米飯的力量過活，見面的時候，總是問候對方「吃飯了嗎？」，這說明了米飯對韓國而言是多麼重要的文化。從過去的文獻中可以看出，韓國人每餐的飯量確實驚人，以前很難吃到肉，得從全穀物中攝取蛋白質，因此吃了很多米飯。根據朝鮮末期傳教士的資料顯示，當時朝鮮人一餐所吃的飯量相當於現代人的五碗飯。現在可以從各種食物中攝取養分，不需要吃很多米飯，更重要的是新陳代謝降低，使用肌肉的勞動減少，不需要太多熱量，所以飯碗的容量也逐漸變小。

透過這些有趣的訊息，可以理解到我們的生活正在改變，雖然這是發生在一百多年前的變化，但在最近幾年也發生了不少改變。

二〇一〇年出版的某本月刊中會報導了這樣的內容，往後「獨自吃飯、獨自遊玩、獨自喝酒還有獨自旅行」的人可能會持續增加，並附上了一張新村某家餐廳的照片，照片中的人們像在讀書室一樣，坐在有隔板的餐廳裡獨自吃飯，看到這個畫面的我感到很神奇。

當時餐廳的菜單是以四人份爲基準規劃，因爲韓國的飲食以小菜爲主，必須四人以上，餐廳才有足夠的利潤，因此當餐廳職員問「請問有幾位？」時，要是只有自己一個人的話，內心反而會感到抱歉。那麼現在呢？獨自一人吃飯已經成爲日常，現在就連獨食時爲了避開他人眼光的隔板也消失了，代表著獨自吃飯不再是件難爲情的事。

這不過才不到十年而已，十年間，我們的社會迅速分化成一人社會。我們也可以從數據中驗證，「獨食」一詞從二〇一三年開始以一定的規模出現，到了二〇一八年，獨自看演出、獨自看電影、獨自去咖啡廳、獨自喝酒等各種「獨〇」的詞彙增加到三十九個，直至二〇二〇年，變成了六十五個。如此可確定的是，現在已經變成了不再對「獨自做什麼」感到陌生的社會。

雖然難以感受到每天不知不覺中發生的變化，但只要回顧過去五年，就能夠清楚知道確實改變了許多。過去十年間，韓國社會已分化成一個人也可以打理好自己的社會，如果理解這樣的變化，就能推測出為了一個人也能好好生活，必須努力培養獨立性與彈性。

如果這種趨勢持續發展，我認為不僅會分化成一人社會，還可能會導致家庭解體。在過去，所謂「做人的本分」是從作為某個人的母親、父親、兒子或女兒等親子關係的角色開始，然而這樣的觀念逐漸式微。

傳統上，家庭是各種角色和責任的劃分，並相互依賴以維持家庭功能、獲取財產和執行家務勞動等。但這些功能正在一個接一個的外包和縮減。除了送貨服務外，各種家務勞動和生活庶務外包服務都在擴張，同伴動物產業也在迅速發展。也許是因為家庭的意義已經變得模糊，所以這些產業才會興起。無論喜歡還是不喜歡，如果家庭是生命的避風港和支持，那麼隨著家庭功能的外包和關係的變化，家庭所佔據的絕對意義也會降低。過去，不結婚或不生孩子的原因，是因為覺得這樣太辛苦，那麼現在實際上選擇單身和不生育的人，則是因為沒有感受到其必要。

如果獨居社會從以前就開始持續變化的話，可以預測十到二十年後的樣貌。現在卽使一個人生活，如果父母身體不舒服，分居的孩子也會帶他們去醫院，努力盡到爲人子女的本分；但當獨居者變成老年人的時候，誰會扮演這個角色呢？強而有力的「孝順體系」彌補了微弱的社會保障，如果沒有子孫的話，老年生活多半會變得困難，卽使生病要去醫院就診也很費力，掛號與問診都不容易。

爲了在沒有子孫的情況下，也能度過健康、充滿人情味的晚年，我們必須消除社會或個人的強迫孝順，籌備與支持個體的獨立生活。社會保障制度理應如此發展，但這似乎不容易，再加上大家多半習慣靠自己，但靠自己也不容易，要不得存到足以將原本「孝順體系工作」全都外包的鉅額經費、要不就得培養自己獨立生活的體力與毅力。就像早已意識到這點，並養成持續讀書和運動等生活習慣的老年人一樣，我們必須不斷在生活中革新，以保持自身的生產力與社會功能，也就是說，爲了跟上科技與世界變化的腳步，必須時時自我更新，不可懈怠。

變化的常數2：長壽的人類

第二個關鍵字也與前面講述的內容有關，叫做「長壽」。如果要選出我們社會變化中最重要的關鍵字，除了「獨自」外，就是長壽了。下一頁的照片是韓國一九七〇年代花甲宴的場景，衣冠楚楚坐在中間一排的男性正值六十歲，看起來如何？年紀挺大的吧？相較之下，我們身邊六十多歲的人看起來確實年輕許多。在短短五十年內，韓國社會正在轉變成無比長壽、且年輕生活的社會，健保、醫療、福利等一切都能讓我們實現比過去更好、更長壽的生活。

一九七〇年代花甲宴的場景（出處：中央日報）

照片中迎來花甲大壽的人受到數十位直系親屬行大禮，然而現在拍攝花甲宴全家福的人數減少至四位左右，家裡只有生一兩個孩子，而且很有可能尚未結婚。即使已經結婚了，也大多沒有孩子，反而更有可能與家中的同伴犬一起拍照。更關鍵的狀況是，現在的人們不舉辦花甲宴了，所以根本上不存在照片。換句話說，現今的六十歲不比過去的六十歲老，過去到了六十歲可能會覺得剩下的時日已經不多，現在卻大不相同。另外就是，扶養父母而幾代同堂的大家庭已不復存在，況且與子女相比，父母那代可能反而更富有。

如此一來，像過去那樣的孝順體系便無法運作，再加上老年人似乎不覺得自己是高齡者，反倒如年輕時那樣生活。事實上，他們的體力與生活方式確實都還很年輕。

在這裡，我引用歌手宋歌人在粉絲俱樂部寫的一篇文章，從標題開始就令人印象深刻，「號召五十歲後半以上的青年們」。一九七〇年代的六十歲是回頭整理人生的階段，也是邁入老年的象徵，但在這裡將五十歲後半稱為青年，當然也可能是因為寫文章的人年紀比五十歲後半還大。

宋歌人號召五十多歲的青年們做些什麼呢？「我也是很晚才加入音源平台MelOn，且熱衷於刷榜，現在開始也不晚，請嘗試看看吧，稍微努力一點就可以了。」意思是，如果想提高宋歌人的歌曲排行，播放次數要高，所以請加入音樂串流平台、多聽宋歌人的歌曲，歌曲才能擁有好成績。

不只是五十多歲的人，六十、七十多歲的人也在學習粉絲文化。他們一起約好穿搭、練熟舞蹈，去演唱會應援，還毫不手軟地購買周邊商品，這些行爲與年輕一代的粉絲文化並無任何差異。或許他們也曾對喜歡H.O.T.或EXO的孩子們生過氣，罵他們不讀書只知道追星，而今卻反過來吸收了子女一代的粉絲文化，不僅樂在其中，甚至還聯絡餐車到活動現場。

雖然這看起來像是全新的現象，卻也可能曾經發生過。過去日本的「勇樣[3]」粉絲團就是從中壯年層開始的，在韓國的數據則早已出現相同的趨勢。我在二〇一五年的演講中，開玩笑地問了一個問題，「你們認爲從幾歲開始是中年呢？」三十多歲的人回答四十歲，四十多歲的人回答五十歲，五十多歲的人回答六十歲，至少大家都不認爲是自己。一般

3｜「勇樣」爲日本粉絲對韓國影星裴勇浚的暱稱。

來說，提到中年人就會聯想到四十至五十多歲，即使如此，年長者們到了六十甚至七十多歲仍會展現中年人的姿態，認為自己的年紀還很輕，那從他們的立場來看，五十歲後半的人屬於青年似乎是理所當然的事。覺得難以認同嗎？不久前我還看到一個YouTube評論寫道「如果要從我的角度來看的話，六十多歲是青年」。

前面曾提到，我們要跟隨變化革新生活，這必須具備高接受度才能適應變化。幸運的是，當今社會的年長者們活得很年輕，接受度似乎與年輕一代沒有什麼不同，只是晚了一些。

我們抽取的其中一個數據是有關各產業別的品牌知名度。星巴克是知名度最高的餐飲品牌，一般認為星巴克是在潮流上的，所以年輕人常去。不過星巴克在老年層的知名度也是位居第一，他們會上傳「星期天做完禮拜後，和兒子、孫女一起吃飯，還去星巴克喝了一杯美式咖啡才回家。」等類似的文字。在餐飲品牌的知名度與好感度中，老年族群與整體族群的一致性達百分之六十以上，代表年輕族群喜歡的餐飲品牌有一半以上是老年族群也喜歡的，年長者的消費文化與年輕一代沒有什麼不同。

再加上智慧型手機在韓國老年層的使用率非常高，爺爺奶奶將孫子的照片編輯成殺手級的內容上傳到KakaoTalk與大家分享；他們也常常看YouTube，還會和朋友在應用程式BAND上相聚、進行社交活動，哪個國家的老年人們可以做到這種程度呢？在韓國不會使用智慧型手機的話，就很難跟同齡人相處，因此社區活動中心會爲年長者舉辦課程，教他們使用手機。這代表年長者們也是能夠享受新科技與文化的使用者，若能設想到這一點，將是產業的重要機會。比方說贈送星巴克禮券給現在的父母親，他們應該會非常喜歡。

變化是涵蓋所有年齡層的整體行動，各年齡區間的差異正在縮小，因此不需要太過「尊敬」年長者，他們可能反而不喜歡過分的體貼；也不必稱他們爲年長者，因爲無論在生理上、心理上，他們都還年輕。非得稱呼的話，使用「注重健康的人」就可以了，過去像是「老」、「年長」、「銀髮」等說法已不再合適。

變化的常數3：零接觸的擴散

第三個要討論的既視感是「無人」。

不久前我去了一趟便利商店，正要結帳的時候，店員卻沒有幫我結帳，因爲這是個除了菸酒等需要確認年齡的商品外，客人可以自助結帳的收銀系統。那時我才感受到「啊，之後沒有人會再幫我做這件事了，我必須自己完成。」無論店員在場與否。

許多住宅區商圈都很辛苦，因爲大型電子商務的出現，社區公寓不再需要超市，也開始出現提供一小時內將少量生活用品送達的快商務服務，這讓像微血管般拓展的便利商店也逐漸受到生存威脅，洗衣店也正在被洗衣外送的應用程式取代。在虛擬化及無人化平台服務的趨勢下，社區的商店沒有屹立不搖的能力，因此，原先出租的商店正一間一間轉由無人零食店、無人冰淇淋店進駐，之前還有夾娃娃機店，這些店家的共同點是：採用無人的方式經營並且沒有員工。

想要實現無人化需要兩個條件，首先是技術，因爲必須在沒有人的情況下還能夠運作；第二是供給者與消費者都要做好接受無人化的準備。我們知道，韓國人非常喜歡尖端科技，而且學習速度很快，就算室內高爾夫球場也是採自助服務，一切都由自己完成，大家也都做得到。人們適應新科技的智力非常高，對無人服務的接受度也隨之快速提升。

然而更值得關注的是，事實上現今無人化的趨勢，不是單靠技術發達和我們的接受力所形成，而是因爲我們對建立關係的想法產生變化，才加速了進程。

沒有店員的商店之所以會出現，是因爲不得不考量人事成本的上漲，結果客人反而更喜歡沒有店員。最近我家附近開了一間咖啡廳，是間無人咖啡廳，工作人員早上前來打掃一小時，補給完成後就離開。接著店裡剩下的人只有客人而已，客人的數量卻不少，大家是因爲沒有店員才去的，如果在社區的咖啡廳待得太久可能會在意老闆的眼色，這裡則沒有這種問題，加上沒有人事成本，所以價格也更便宜。

因爲沒有人所以更喜歡，這樣一想的話，就微微的感到害怕。早在二〇一七年韓國某間化妝品店就根據客人提的購物籃顏色不同，以不同方式接待，在賣場入口提著綠色籃子進去的話，代表我想獨自一人逛逛，職員便不會前來搭話。最近則出現了自行更換淨水器濾芯的自助租賃服務，以前是由淨水器公司的職員前來維護，除了維修時間難以配合外，有些客戶也會對外人進到家裡感到顧忌，最重要的是，每次前來更換時職員總會推銷新產品，令人感到為難；現在濾芯像墨水匣一樣可以自行輕鬆更換，網路上還因此出現了「從所有不自在中解脫」等感到安心的貼文。

從這些變化中，可以感受到人們對於面對面的疲勞程度不容小覷，甚至還會因為病毒能成為不見面的藉口而感到放鬆。

如此一來，日後會發生什麼樣的變化呢？

毫無疑問地，租賃服務將變成無人化，原本面對面接觸的零售業也將轉為自動化，相關的職缺必然會消失，就像不需要淨水器維修人員一樣，壽險公司的業務也逐漸減少；無人咖啡廳也已經在擴展中；賣場設有自動販賣機，販售香蕉、沙拉等東西，附近便利商店的銷售必然會受到打擊。但是，現有的從業人員及中小企業業者都能從容地接受這些變化嗎？

這既是將會發生的事，同時也是正在發生的變化。過去的數據中也曾出現過，對於跟人面對面相處感到有壓力的內容，尤其是不喜歡打電話的現象甚至成爲千禧世代的特徵，但這其實不只是特定世代的特徵而已。

二〇一六年外送應用程式的數據分析中，出現了一項結果是使用者覺得電話訂購很難。我之所以印象深刻是因爲，這在我個人經驗中是無法理解的事，大家說外送應用程式很方便，對我而言卻不是如此，「喂，中式餐廳嗎？我想要點三碗炸醬麵……」只要打電話說到這裡就可以了，不用另外告知地址等資訊，因爲店家留有我過去的點餐紀錄。在聽到外送應用程式更好用後，爲了找出原因，我仔細研究數據，出現了「不喜歡打電話」的結果，要說不喜歡到什麼樣的程度，差不多是「電話恐懼症」這種程度。近兩年間出現了非常多這樣的情況，有些人覺得傳訊息或打字沒有問題，但講電話就會備感壓力。

我也有過類似經驗，和我一起分析與研究數據的同事中，也有許多二十到三十多歲的人。有一次，我和其中三位一起進行研究的時候，有一位稍微晚到工作室，我向其他兩人問道「他好像有點晚了。」他們卻回答「剛剛有傳訊息給他了。」我說「時間已經到了，打個電話給他吧。」他們又再次回答「但有傳訊息跟他說了。」我覺得這反應很有趣，就又特地再問了一次「不能用打電話的嗎？」他們又堅決答道「因爲有傳過訊息了啊。」我們整整來回了三次。

因此，我問他們爲什麼這麼不喜歡打電話，得到的答案是，打電話似乎有點沒禮貌，明明已經傳訊息溝通過了，再次打電話要求馬上回覆的行爲不太合適，最重要的是，電話一響，心臟就會撲通撲通跳動。老一輩的人應該也有過半夜或清晨，接到家人電話而心頭一震的經歷，還以爲發生了什麼不好的事情。而且這似乎不是韓國才有的現象，國外也流傳著一個迷因是，電話鈴聲響起時的心跳比運動時更劇烈。

由於人們如此不喜歡打電話，最近電話資費方案也隨之改變。以前的電話資費方案是提供三百分鐘免費通話附加 500MB 的網路，現在則是提供 10GB 的網路附加不限時免費通話。儘管不限時很驚人，電信公司也不會最先主打這個優惠，反正大家幾乎不會打電話，對彼此而言並不重要。

不喜歡打電話的人愈來愈多，客服中心還能維持營運嗎？全球有許多企業早已將客服中心的功能自動化，採用聊天機器人的服務，這在韓國也已經十分活躍。起初是爲了減少人事成本，但沒想到除了節省費用外，還觀察到千禧世代之後的用戶，偏好使用聊天機器人的情況。因此，未來將著重發展聊天機器人，不久後人工智慧就會進化成具備語言辨識與合成的能力，即使打電話也應該會交由機器人而不是人類。那麼，印度身爲全球最大的企業客服中心，該如何面對這個變化呢？

不，不需要爲他們擔心。堅守目前溝通方式的人會變成怎麼樣？比方說那些認爲只要工作上發生緊急狀況，就算是週末也毫無顧忌來電的部長呢？

年輕職員最不喜歡的溝通方式就是主管在週六打電話，因爲這就同時冒出最糟糕的三件事，非上班時間工作、主管以及電話。雖然現在已經形成某種避免打擾的約定俗成，但有時候仍難免在半夜跳出訊息，連我也曾是如此，當看到有趣的報導或研究，就會習慣性地使用郵件等訊息分享，雖然我是用類似記事本的方式寫下訊息，但收到通知的職員依舊會感到不知所措。

因爲自動化的存在，才能實現無人化。我們知道的亞馬遜無人商店就完全沒有店員，只要拿起商品就會立刻計算，省去最後結帳的程序，這不只應用在高科技業的服務而已。由於新冠疫情，進入公共場所或購物中心等人來人往的建築時，必須測量體溫，據說這直到二〇二〇年三月前都是一份挺不錯的工作，兼職的人領取日薪測量訪客的體溫，然而現在無論到哪，都佇立著一臺體溫偵測器。新冠疫情初期，某機構爲了測量大樓出入者的體溫，一個月光是人事成本就花費了一千萬韓圜，該機構也在兩個月後全部換成機器，只花數百萬購買兩到三台機器的話，成本確實減少很多。這是不到兩個月間發生的變化，集結了人工智慧、機器人學等技術，現在除了幫助人類執行許多工作之外，還迅速成爲取代人類的機器。體溫偵測器的價格在不到兩年的時間內就降到幾萬韓圜，由此可以眞切感受到科技發展的速度。

當我們聽到這些故事的時候，想到的既不會是「很方便啊」也不會是「可以節省費用啊」，而是聯想到「那麼就不需要人類了吧？」。

從二〇一七年開始，人們就一直在談論機器人流程自動化（RPA，

Robotic Process Automation），提到自動化，常常讓人聯想到的是工廠裡的機械機器人代替組裝的自動化，但現在由邏輯機器人主導的白領階級自動化正在興起。如果印象停留在一九八〇年代初期的辦公室自動化，也就是OA（Office Automation），可能無法想像現今的機器人流程自動化，究竟發展到什麼樣的程度。在我小的時候，我的父母們是收到薪資袋，記得黃色信封袋裡裝著紙鈔和硬幣，上面手寫著薪資明細。據說每個月爲了核對員工的薪資，會計部門的數十位員工還會熬夜加班；但現在一般企業的會計部門最多只有一兩位，因爲大部分的業務都已經外包化及自動化了。

事實上，白領階級在各領域中的工作內容正在自動化，我在公司中所做的自然語言處理，也是讓機器人學習人類執行的工作和資源。機器人流程自動化也是從人類執行的工作中，利用光學字元辨識（OCR，Optical Character Recognition）讀取資訊、或從字串中擷取位元組後，將其中的邏輯規則化與自動化的作業。日本一家保險公司於二〇一七年，引進了可以計算保險費的人工智慧系統，同時解僱三十四名員工，據說投資系統的費用與當年節省的人事成本相同，投資報酬率等於一年。如果投資成本只花一年就可以回收的話，誰不會這麼做？韓國的金融圈也正在迅速引進機器人流程自動化，並且先從簡單的格式或重複的文書工作開始自動化。

在這些變化形成的瞬間，人類所要求的美德也可能會因此改變。一直以來我們都非常重視踏實、勤奮與認眞的態度，可是機器人R代理不必睡覺、不用吃飯、不需三次輪班，還不會要求加薪，而且最關鍵的原因是，R代理不會出錯。那麼，在持續做相同工作內容這方面，我們是贏不過機器人的。

時至今日，那些以農業式的勤勉精神認眞工作的人，他們的堅持不懈，可能不再是一種美德。不懂思考的勤勉精神，遲早會拖累自己。希望大家拋掉進入好的職場，並且只認眞完成被交付的任務的想法，因爲那樣的工作，很快就會消失的機率非常高。

面對迎面而來的自動化與無人化，我們內心的期待與擔憂並存。我們對人工智慧依然抱持著某種幻想，盼望人工智慧將人類從勞動中解放；相反的，也擔憂我們的工作可能遭到自動化吞噬或取代。最近因應勞動力應受到重視的社會共識，薪酬制度日漸上升也是全球趨勢，同時自動化的速度也會逐漸加快，人力愈珍貴，理應給予人類愈高的費用，但這反而成爲推動自動化的助力。

隨著智慧工廠建立，愈來愈多因人事成本低廉在海外設置工廠的企業回流（reshoring）母國，再加上新冠疫情暴露出全球價值鏈的弱點，到處都可以看到企業嘗試回到自己的國家，但這並不能保證人事的聘用。現在正在打造系統及基礎設施完全自動化的無人工廠，在這既是新機會同時也是危機的情勢中，我們應該集結衆人的智慧，思考如何掌握優勢、以及如何避免劣勢。

更值得注意的是，我們之所以會這樣改變，與其說是對自動化的渴望，不如說是渴望掌控人與人之間的關係而形成的結果，不是零接觸（non contact）而是選擇性接觸（selective contact）。機器人學、自動化的科技可以成爲讓我們想見面時就見面、不想見面時就不必見面的方法。因此，我們得思考身爲人類要扮演什麼樣的角色，同時調適自己必須與人實際碰面的既定想法。

到目前爲止，我們觀察了三個變化的常數。

第一個，分化的社會，我們獨自生活，逐漸走向更小的群體。

第二個，長壽的人類，我們比起過去活得更長壽也更年輕。

第三個，不與人接觸的狀態更明顯，不是因爲科技，是因爲人們不喜歡面對面而強化。

我們能從過去將近二十年的數據中，目睹、驗證以及追蹤這三個變化。這就是「會發生的事情就會發生」，只是因爲新冠疫情導致變化劇烈加速，才出現了彷彿現在才剛碰到的錯覺，也可以說這是因爲新冠疫情而「提前到來的未來」。

十年的時間說長不長，說短不短，但足以理解這之間所發生的變化並不小，那麼現在的變化呢？是不是得試著思考看看，現在我們覺得理所當然的事情中，有哪些會留下來，哪些會消失？

我認爲往後十年的變化會比現在更快，因爲已經累積的資訊、還有目前爲止所建立的網路與基礎設施更能推動變化，對必須適應變化逐漸加快的我們而言，那三個變化的常數可以成爲重要的基準，如果大家將這三點放在心上加以規劃嘗試，可以期待對於自己的未來會有多大的幫助。

另外，我在機器人咖啡廳寫文章的時候，觀察了進來店裡的客人，結果發現幾乎沒有上了年紀的人會獨自前來，看來對他們而言應該很難適應沒有人類的陌生系統；相反的，偶爾看到上了年紀的人和孩子或孫子們一起來的時候，就會讓我思考到，誰能幫助人類一同走向新的世界？

當然，由自己的孩子或孫子等家庭成員來幫忙，在情感或功能上都會受到歡迎，然而在不結婚或不生小孩的趨勢蔓延下、我們的家庭觀念轉變成「獨自」居住的情況下，不能只期待樂觀的方法。我認為應該由社會裡的其他成員或制度來幫助這些人，或者交由人工智慧來擔任幫助他們的角色。

必須記住的三個變化的常數：

你會獨自居住。

你會活得長壽。

沒有你，人們也會過得很好。

기억해야 할 변화의 상수 3가지 :

당신은 혼자 삽니다.

당신은 오래 삽니다.

당신 없이도 사람들은 잘 삽니다.

我既不是未來學家、也不懂占星術，卻說這一切的變化都是會發生的事情。我之所以能夠像宿命論般斷言「會發生的事情就會發生」，最主要是多虧了數據。由於記錄下近二十年來，我們觀察並分析韓國社會的資料，才得以看見變遷，同時也可以追蹤從什麼時候開始、發生什麼變化的確切時間點。

那麼，這就是我們下一個必須面對的問題，如何預測往後的變化、如何從現在的無數變化中發現未來的線索？事實上也有許多人問我如何解讀變化的跡象。

舉例來說，以前主要在聚餐或運動比賽等「活動」中喝啤酒，某個瞬間轉換到「週五狂歡夜」的啤酒，從二〇一二年開始變成下班後簡單小酌一杯的「日常」啤酒；二〇一九年開始則出現了「Net 啤」，也就是 Netflix 啤酒。回到家洗完澡後，小酌一杯啤酒配上 Netflix，代表今天一整天結束，與白天跟金部長有關的記憶說再見。像這樣歷經了十年，從活動的啤酒轉變成日常的啤酒，那麼之後還會出現什麼樣的啤酒呢？

現在也有夫妻酒桌，指的是雙薪夫妻下班後一起吃晚餐與下酒菜的模樣，從「Net 啤」的儀式感變成了「＃酒桌 stagram」。這在社會人口學中也是可預測的變化，不生育的比例逐漸增加，即使是雙薪夫婦，也可以在平日晚上悠閒享受生活。

一個人或夫妻之間在家吃飯的時候，可以完全依照自己的喜好選擇下酒菜和酒類，也許因爲如此，紅酒的提及量正在急速上升。幾乎沒有像紅酒一樣能夠細緻區分喜好的酒類，而且想要拍照的話，瓶子一定得好看，這就是爲什麼照片中只有紅酒與精釀啤酒，沒有傳統燒酒的原因。

活動的啤酒走向日常的啤酒的變化過程，也是我在前作《停止想像》中提到的內容。當時我們提出「週間下班後，與伴侶一起小酌的瓶裝啤酒」這個適合作爲行銷的場景，後來也確實使用了這個概念銷售，而我們是如何提前看到未來的呢？

我的答案是「接收好的問題」。

我的工作會遇到各式各樣領域的人，神奇的是，我發現大家總是問我相同的問題。曾經有一段時間不停有人詢問有關 MZ 世代的問題、之後是詢問有關溝通與品牌的問題，現在則是常聽到工作相關的苦衷。簡而言之，主管們正在煩惱「爲什麼年輕職員們不工作」，而年輕職員們認爲「自己的主管沒能力，所以不喜歡工作」。

因此我才知道，「啊，原來有共同的疑問」。

我有幸比其他人提早接收到疑問，其中甚至還有聰明的提問。並不是說提出問題的人頭腦很好，而是他們經過了深度的思考，因此我不能輕易回答，那些經過長時間思考自己的工作與世界後提出的關鍵問題，爲此我也反覆思量並詢問各方專家。

有趣的是，與專家們過往的研究相比，我所提出的疑問是「原本就存在的煩惱」。

如果詢問有關成長的煩惱，就會出現社會學家涂爾幹的社會有機理論，聽到理論的說明時，有可能會苦笑想著「看來這些煩惱早已被天才們提出了呢？」，人類從很久以前開始就有無數的煩惱，其中一部分會時不時顯露在我們的社會表象中，透過反覆的質疑與回答，我們將能更深入理解數據隱藏的含義。

換句話說，我的祕訣（？）是與不同的人進行交流，思考各式各樣（heterogeneous）的智慧結晶。問題是正在職場中的工作者所提出的，相對應的解決方法，則是聽取研究不同主題學者們的建議。我只是轉達了問題，最重要的事情是，集結不同領域中深度思考的個體一同思量。

所以我們得進行交流、爲此學習，如果不學習的話，有人問你問題的時候，就只能重複說著「我覺得」、「我以前那個時候」等了無新意的話，或者「人生不都是這樣嗎？」等模糊的答案來搪塞。

說到這裡，大家可能會產生這樣的疑問，我的工作就是與人見面並接收問題，進而收集問題；但不是從事類似工作的人，該如何收集好的問題呢？

雖然我是先接收其他人提出好的疑問的一方，但當疑問一個接著一個出現的時候，很快就會擴散到各處，所以即使比別人晚一點碰到疑問，只要疑問尚未消失，就依然有效。然而在初期，我們可能難以確定，這個疑問究竟是變化的信號，還是純粹的雜音。這時對應的方法是大量閱讀，無論是書還是什麼，就是持續不斷地閱讀。我們在閱讀的過程中，可以找到重複的模式，有些信號會增強、有些會減弱，便可以從中找到答案，Google 搜尋趨勢等搜尋引擎的關鍵字分析工具，也是扮演這樣的角色。

也許這不是某些人想要的答案。

對於希望有人可以馬上告訴自己要不要買美國股票的人來說，有可能會喜歡花上幾年的時間讀書嗎？所以他們會快速閱讀《讀完一千本書之後的領悟》等書摘式的書，但成就是無法從書摘中得到的，而是在閱讀一千本書的過程中，因自己的努力而有所領悟；匯集一千本書的資訊當然不會帶來領悟。

希望我們可以記住成就不是目標，而是在過程中獲得的勳章。

另外想補充的一點是，無條件的努力並不是全部答案，往錯誤的方向努力是會消耗殆盡的。根據一家新聞媒體的報導，電話行銷人員在二〇〇二年是有前途的職業，但到了二〇一五年，卻被選為即將消失的職業第一名。然而，也許在二〇〇二年時，就有許多人將自己的人生，寄託在不到十五年就成爲夕陽產業的工作上。

必須先思考方向，再認眞行動。這並非難事，只要先思考就可以了，會發生的事情就會發生。不要先行動再思考，也不要先行動再驗證。請先思考，必須變成「Think first」而不是「Just do it」；同時，也建議運用前面提到的三個常數作爲思考的輔助之一。

首要的是方向，
不要先行動再思考，
也不要先行動再驗證，
請先思考，
必須變成「Think first」，
Don't Just Do It.

방향이 먼저입니다.
그냥 해보고 나서 생각하지 말고,
일단 하고 나서 검증하지 말고,
생각을 먼저 하세요.
'Think first'가 되어야 합니다.
Don't Just Do It.

2

LIQUEFACTION
變化

價值觀的液化

變化之所以重要是因爲根據如何變化，我們適應的方式也會隨之不同，在全新的局勢下，既有的方式已無法發揮作用。

電視劇《請回答一九八八》中，女主角德善的父親是一名銀行職員，劇中曾出現一幕，德善的父親向身邊熟人推銷銀行的儲蓄產品，熟人卻嗤之以鼻，問道「銀行的利息有多少？」德善的父親則不好意思地回答說「利息下降了，只能給你不到百分之十五。」。

當時的存款利率爲百分之十五，而同個時期上班族的夢想是賺到十億韓圜的現金，如果一年的利息是一億五千萬韓圜的話，卽使扣除利息所得稅，每個月也還是會有八百萬韓圜進入自己的口袋，考量到當時的物價，這是一筆維持生計尙且綽綽有餘的錢。換句話說，對當時的普通上班族而言，十億韓圜彷彿夢想的永動機般，是不會損失本金、無限運轉的存在。

但是現在卽使擁有一百億韓圜也無法像以前那樣生活，由於市場的存款利率不到百分之一，再加上利息所得只要超過兩千萬韓圜，就必須繳納綜合所得稅，因此卽使賺到一億韓圜的利息，扣除稅金後一個月也拿不到五百萬韓圜。況且這是在擁有一百億韓圜存入銀行裡爲前提才會發生的事，現在只靠利息所得維持生計的劇本已經行不通了，即使擁有大量的金錢，也必須在自己還活著的時候保持原有的貨幣價值才值錢。我們以後還能活多久，活著的時候有可能都不會遇到經濟危機嗎？不會通貨膨脹嗎？未來很難依照我們所想、所希望的樣子發展。

當環境改變的時候，過去的計畫也變得毫無意義。發生變化代表著我們必須回顧自身對生活的定義，並做出相對應的準備。

「一定要出門上班嗎？」

第一部中提到的三個變化的常數，分別是分化的社會、長壽的人類及零接觸的擴散。

即使我們只是簡短的看過，就可以得知生活的變化極爲快速，變化的幅度也擴大了，如果既有的生活方式改變，不只是工作的方式，商業模式本身也會發生變化。如同前面所述，訂購方式轉爲無人化，還出現機器人咖啡師，因此我們應該思考如何適應並做準備。

過去曾有過全家人聚在一起看一臺電視的時期，現在卽使家人聚在一起，也會各自看不同的裝置，甚至還會一個人看多個畫面。我去某個企業研究院演講時分享了這則故事，結果那間公司的代理跟我說他也是如此，居家辦公的時候，他在家裡使用三臺裝置來工作；回到公司之後，他覺得工作變得非常不方便，因爲公司只給了一臺電腦螢幕，更糟的是，在公司時部長總是會看他的螢幕，問說「你在做什麼？」，卽使貼了防窺螢幕保護貼想讓旁邊的人看不到，也完全沒有用。所以這成爲了他不喜歡公司的原因，自己工作的時候需要各種裝置，但前輩們卻爲此感到特別緊張。

主管爲什麼只給一臺電腦螢幕呢？原因應該有很多，有可能是因爲辦公桌不大，也有可能是因爲公平性的問題，旁邊的朴科長沒有提出任何要求，怎麼可以只給金代理三臺電腦螢幕。但是，最主要的原因不是因爲無法感同身受嗎？主管從未使用與金代理一樣的方式工作過，所以無法感同身受。

公司爲了讓金代理集中注意力，只提供了一臺電腦螢幕，但對於金代理來說，多臺螢幕是讓工作最優化的型態。究竟現有的工作方式與所具備的資源是否有助於提高成效，這在組織內部似乎也存在分歧。

特別的是，千禧世代與Z世代熟悉數位通訊的方式，甚至被稱爲數位原生族群，對於科技的隔閡也比以前的世代低。對科技的定義中，我最喜歡的是「在你出生之後的所有發明（Technology is anything invented after you were born, everything else is just stuff）」這句話，出自電腦科學家艾倫・凱（Alan Kay）。簡而言之他說的是，需要學習的新東西就是科技。對我來說智慧型手機是科技，所以第一次使用的時候吃了不少苦頭；相反的，這對於一九九六年以後出生的Z世代而言，智慧型手機是再簡單不過的科技，他們從出生開始就具備對智慧型手機出色的適應能力，而且習慣使用影像交談。

數據顯示，他們從很早就學會了與機器對話，甚至還有玩笑說，孩子們說的第一句話是呼叫亞馬遜人工智慧音響「Alexa」。事實上，許多大人看到未滿兩歲的小孩自在使用平板電腦的模樣時感到神奇，但是對孩子而言，閱讀書籍反而更困難，因爲不能放大也不能點擊螢幕，即使分開手指滑動和使勁按壓，最後的結局就是對書生氣，對這些孩子而言，書是不適合他們的媒體。而我還是喜歡紙本書，喜歡書本拿在手上的特性，可以翻頁也可以放回書架上，但是下一代卻說「不能檢索啊？這樣要怎麼看？」，這種差異對每個人而言都非常重要，是我們不能只照自己的想法輕下判斷的原因。

這些數位原生族群也被稱爲「原生創作者」，如果過去的創造性活動是繪畫與寫作，現在的他們則運用數位裝置製作多媒體，並自然而然在這上面進行更多創造性活動。我家上國中的孩子最近在元宇宙的平台Gather Town上舉辦了畢業作品展，孩子和朋友們在數位平台上展示他們各自製作的精彩作品，並開心地向使用頭像（Avatar）前來展場的父母們介紹作品。

工作方式也會如此改變，因此組織必須思考，如何結合使用新方式的生產結果，並實現整體的目標。

舉例來說，上班族固有的工作方式是到辦公室上班，因此全部人都前往公司所在的大樓，突然之間，出現「我的工作是整理資料並提供數據，一定得去公司上班嗎？」的疑問，這就是我們的社會經過這次大規模居家辦公後所得到的領悟。

在韓國社會中，居家辦公在二〇一九年第四季，即新冠疫情開始之前，是不存在的詞彙。這裡不存在的意思指的是，雖然出現在字典裡，但實際上並不存在此現象的詞彙，就像「獨角獸」不存在世界上一樣。過去頂多只會跟「比特幣」、「小資本」、「投資」等詞彙一同使用，且居家辦公主要使用在非法傳銷等文章中，反過來說，一聽到「居家辦公」這個詞彙出現，我們就會認定是非法傳銷並自動過濾掉那篇文章，畢竟如果受騙會很麻煩。

然而這次許多健全的企業，率先採用了原先不被社會所接受的居家辦公，海外的大企業甚至在新冠疫情結束後，也不會再設置實體的總公司，呈現出維持居家辦公的動向。新冠疫情期間的居家辦公，並沒有使成效下降。根據微軟提出的報告，開發人員在家工作與到公司工作的成效沒有差異，雖然這份研究僅限於開發人員，但在其他企業中，即使沒有物理上的見面，也不會影響公事的處理，甚至還出現成效更好的情況。一篇報導中提到，雖然出差費用減少了百分之四十，工作績效卻評估出沒有任何問題，因此愈來愈多企業在新冠疫情後也不再編列出差的預算。

當出現了這樣的結果，自然就會出現「一定要出門上班嗎？」的疑問，接著公司會開始比較職員到公司上班與不在公司上班的整體損益。如我們所知，微軟總部位在美國華盛頓州，當地具有相當大的不動產壓力，房價上漲了，維持員工基本生活所需的最低薪資水平也會提升；Google之所以支付十二萬美元的起薪，是因爲附近的居住支出每個月往往會超過三千美元。有這麼多的開銷會從職員們的薪水中流失，如果他們是居住在閑靜的亞利桑那州，而不是加利福尼亞呢？甚至是居住在印尼的峇厘島，而不是美國呢？即使比現在更低的薪水也能提高生活品質，或許員工可以因此過得更幸福，公司也能降低成本。

換句話說，如果我們排除一直以來的前提，也就是一定要到公司上班的傳統觀念，追求效率的想像就可以毫不設限的往前邁進。當社會大衆接納了居家辦公，日後會發生什麼事情呢？不用出門上班的話，還需要辦公室嗎？進而延伸到某些公司爲謀員工福利，補貼全租[4]或月租的費用，之後這還是必要的「福利」嗎？許多企業也會補助員工上下班的通勤費，未來也將成爲「是否還必要」的疑問；另外，如果不用面對面工作，就不一定要錄取同個國家的人。像這樣的思考方式，未來將不斷擴

4｜韓國租屋主要分成全租（支付全額保證金、每月無須額外負擔租金）、月租（支付部分保證金、每月繳納房租）兩種方式。

張延伸。

剛開始許多人都曾說過這樣的話，居家辦公是暫時性的緊急對策，新冠疫情結束後就會回到以前的狀態，但是在我看來，不僅經濟方面，還有福利方面，有關居家辦公的爭論日後將會愈演愈烈，因爲這是個強而有力的替代方案，甚至連元宇宙都出現了。如果連起跑線的原則都瓦解的話，各階段的標準也會改變，因此我們必須持續關注，隨著革新的擴散而發生的變化。

再者，現在天才所編寫的程式可以惠及數億人，同時一個人的錯誤也可能引來巨大的損害。在此之前，就像一馬力般，一個人一天能夠活動的能量總量有限，因此生產力也是固定的，所以依日薪計酬；然而，現今在許多產業中都看見了，付出的創造力與得到的收穫不成正比。如此一來，就會有更多高生產力的人，希望在能提供更優秀解決方案的組織中工作，進而提高附加價值，組織對居家辦公的接受度也必然會增加；假如我們無法提供符合需求的環境，就無法僱用優秀的人才，整個組織的成效也會下降。

過去大家都是聚在大樓內面對面工作，現在則可以住在峇厘島、也可以在襄陽工作，這樣的型態足以改變工作的方式。如果工作產出發生變化、生產方式也發生變化，如何在爲夥伴著想的同時又能做好自己的工作，這也將隨之改變；有些人會照常到公司上班，有些人可能會背著包包到清邁待上一個月。協助我們完成工作的系統與設備，也透過網路而虛擬化，開始朝平台的方向發展。隨著數位裝置的角色愈來愈重要，現在我所去的地方就會成爲辦公室，對特定空間的歸屬感可能不再像以前一樣必要。

受到質疑的慣例

想要適應如此快速的變化，需要非常大的能量。現在好像每個人都在進行一場自己的戰鬥，每天爲了生存而拚命適應，因此也會與現有不合理的慣例產生摩擦，尤其當變化愈劇烈，就愈容易與現有的習慣相互碰撞。

我們必須關注變化的重要試金石之一是，當我們努力適應劇烈的變化時，對過往深信的也逐漸開始產生懷疑。最明顯的例子是，職員與管理者對於居家辦公的認知落差，這同時也是某種彼此角力的議題。

實施居家辦公的初期，進行了各職級的滿意度問卷調查，結果職員、代理等級的回答相當正面；相反的，管理者的職位愈高，卻回答自己的工作效率愈低。

金代理在居家辦公期間之所以工作效率提升，是因爲省下了通勤時間，而且可以在不受其他人干擾的情況下工作，這裡也包含主管的各種指示，「金代理，請幫我一下，我想修改這個文件的話，該怎麼做？」。言下之意是，處理他人工作的時間與勞累全都消失。

那麼，主管們爲什麼不喜歡居家辦公呢？這之中有不適應在家工作，也有同時兼顧家事導致工作效率降低等苦衷，但有一個理由格外引人注目：「匯報不順暢」，主管們普遍認爲工作內容應該面對面報告，現在卻無法這麼做。

我突然想起了以前的回憶，當企業剛開始引進電子簽核系統時，大家都預估紙張的使用量會減少，然而實際執行卻完全不是這麼回事。當金代理申請電子簽核時，部長卻非要他印成紙張；如果部長閱讀完有使用紅筆標記的話，就會要求金代理修改過後再次上傳。

對於那些將自己的工作定義爲監督、指導職員的人而言，必然會對現在的變化感到不知所措。他們覺得假如是肉眼可見的距離就可以監督，一旦各自分散工作、看不見職員就無法確認狀況，甚至產生某種焦慮或恐懼感。也有人上傳文章寫到，無法相信職員是否在認眞工作；然而若是職員工作做得好，身爲管理者的他們又會擔心自己不被需要，落入了職能模糊的狀態中，雖然認爲職員應該認眞工作，卻又希望他們稍微鬆懈一點，自己才有鞭策的餘地。

這樣的心態在平時的呈現方式是，把手揹在背後走來走去，觀察職員們的螢幕這種辦公室的巡視；居家辦公的時候，就會變成隨時想確認的狀態，不斷使用通訊工具等管道詢問「金代理，你現在在做什麼？」「正在寫三頁的報告。」，如果金代理晚回覆就會起疑心，認爲他一定是離開位子跑去玩了。

公司內部的通訊工具設有幾分鐘之內未使用電腦，就會從綠燈變成黃燈或紅燈的功能，只要顏色一變，部長就會立刻搭話，感到既疲倦又憤怒的金代理則得打開應用程式「Zarianbium」，這是一個必須定期晃動滑鼠的應用程式，防止對方的通訊工具顯示爲不在位置上的狀態，眞是一場矛與盾的激烈對決。

這些把戲之所以氾濫，是因爲它們賣的是過程而非結果，無論員工喝茶還是聽音樂，只要拿出成效不就無妨了嗎？會導致這樣的局面，就是因爲要求員工勤勉誠實，並試圖管理或干涉工作過程。

即使換了系統，人不改變也是沒有用的。遭遇同樣變化時，每個人的接受度都不同，因爲彼此的欲望不同；如果環境的變化是常數，我們的欲望就會成爲變數，因此即使是相同的變化，結果也會以各自不同的型態出現，這也是順應變化的新規則不容易達成共識的原因。

然而，這次有相當多的組織強制居家辦公，從老闆到新進職員，無論接受度高或低，都不得不嘗試。即使是不滿意居家辦公的管理者們，也在經歷了初期的混亂後，程度上適應了新的制度，至少拒絕居家辦公的理由已經消失了，因爲成效並沒有下降；同時如果形成共識，即使在新冠疫情結束後，也可以積極考慮各種工作方式。愈快達成共識，就能愈早接受生活中的變化與科技。

「一定要出門上班嗎？」

「一定要去學校嗎？」

“출근을 꼭 해야 하나요?”

“학교에 꼭 가야 하나요?”

思想根基產生動搖

過去我們之所以迴避居家辦公，不是覺得沒必要，而是因爲從未嘗試過。由於之前都是持續見面，即使有人提出「也可以不見面吧？」的疑問，或許我們心裡也會困惑，就像一天吃三餐、晚上睡覺一樣，似乎已經成爲我們身體記住的習慣，習慣是使生活穩定的訣竅與規矩，想要打破習慣，就必須改變思考的系統，這並不容易；再加上，先前普遍對居家辦公存在負面成見。然而透過這次的經驗，大家切身感受到居家辦公是值得一試的。

不過這些變化只發生在居家辦公嗎？

「學生必須去學校」的信念呢？也被線上教育取代了。

還有，我們社會中有許多人相信，不工作卻能拿到錢是件不妥的事，因此反對全民基本收入的輿論也不容小覷；然而這次疫情的衝擊，生計陷入困難的人愈來愈多，所以政府迅速發放了災難救助金。由於這是從福利提升到生存的層級，加速了共識的形成。

像這樣，我們的信念正在逐一產生動搖。我們淸楚知道，如果我在某間公司就職，就會在裡面得到終身保障的長久約定或對此滿懷感謝的情況已不再，終身雇用制這種過去的默認契約開始失去效力。

我稱之爲「價值觀的液化（liquefaction）」，液化指的是地震發生後，由於地基變得脆弱，導致原建築物搖晃的狀態。現在我們的想法與價值觀的基礎，彷彿地震過後般，正在動搖。

一點變化也會隨之改變其他的事，因爲一旦前提動搖，全部都會改變。

仔細想想，電子郵件、Skype等能夠遠距工作的系統，不是早已存在了嗎？只是沒有用來遠距工作的共識或時機。隨著大環境導致的嘗試爲契機，感受到好處的人會接受新事物，我們的文化也會在新的嘗試中變得更加靈活；同時，爲了建立接受這種工作方式的文化及過程，組織必然會被要求改變。

價值觀的液化（liquefaction）

現在我們的想法與價值觀的基礎，

彷彿地震過後般，

正在動搖。

一點變化也會隨之改變其他的事，

因爲一旦前提動搖，

全部都會改變。

가치관의 액상화 liquefaction.

우리가 알던 믿음이 마치 지진이 일어난 후처럼

하나둘 흔들리고 있습니다.

이 변화가 다른 것도 바꿀 것입니다.

전제가 흔들리면 다 바뀌기 때문입니다.

關於見面的方式也是，以前雖然一直存在著有些人不想與人見面，卻沒有拒絕理由而不得不見面的事，結果由於病毒的出現，產生了可以合理不見面的理由。最明顯的例子就是公司聚餐，受到新冠疫情的影響，讓公司聚餐幾乎消失。雖然從幾年前開始，就已隨著要平衡生活與工作的觀念持續減少這種聚餐，然而新冠疫情直擊要害。

有趣的是，「居家派對」正逐漸增加。公司聚餐與居家派對，都是和親近的人相聚在一起吃飯的活動，爲何有些減少，有些卻增加。於是我研究了具體在什麼樣的情況下會舉辦聚餐與居家派對，結果發現以下的場面。

由於需要保持社交距離，在家工作的職員們相隔幾週後回到公司上班，彼此看到許久未見的面孔正感到開心，部長這時說道「哎呀，這段時間過得還好吧？好久沒見到我們部門的人了，眞高興。等一下工作結束後，大家一起去喝杯啤酒怎麼樣？」

部員回答道「部長，我們也想這樣，但現在還是小心一點比較好，等疫情結束後我們再一起聚餐吧。」部長爲此感到可惜，結果下班的路上經過一家餐廳，發現除了自己以外，部門裡的其他人全都在場……這眞是一個悲傷的故事。

雖然許多人說新冠疫情帶來的變化是「零接觸」，但如同前面提到，我認爲應該使用「選擇性接觸」來形容；同樣的道理，上述的故事顯露出的心聲是，即使與公司同事相聚，也不喜歡部長一同參與的垂直式聚餐，而組員間沒有顧忌且相處融洽，大家喜歡如此平行式的聚餐。就在這樣的背景下，新冠病毒成了最佳藉口，用來排除會要求組員們喝炸彈酒及祝酒詞的部長。

第二攤KTV也減少了，本來第二攤聚餐去KTV是固定行程，但要是沒有進行第一攤聚餐，第二攤又怎麼會存在？因此，這幾年與聚餐一同出現的KTV逐漸減少，取而代之的是獨自唱歌的投幣式卡拉OK。第二攤KTV的關鍵字是「壓力」；但是一個人去的KTV是因爲喜歡才去，所以出現「有趣」的關鍵字。

新冠病毒並沒有帶來這些「壓力」，而是早已存在的「心聲」，是病毒觸發了壓抑已久的欲望，最後一根稻草落在早已不堪重負的背上，壓垮了駱駝。

一個人去的投幣式卡拉OK，是該產業從新冠疫情前，就接受了選擇性接觸的欲望而出現；烤肉店出現單人烤盤，也是在幾年前就觀察到的變化；中午休息時間也是，不再是整個部門一起去吃飯，而是看自己想吃什麼各自用餐，或視個人工作狀況各自安排。

這一個個的變化，都可以變成某種新產業，也可以成為我們提供給消費者的體貼服務，若能細膩觀測這些變化，新事業的籌劃與宣傳策略也會更加精準。因此，觀察是事業的重要起點。我們的生活總是在經歷各種變化，我們必須持續觀察，並藉此使我們的產業跟上當前的變化。

況且，任何變化都是起於微小的徵兆。如果我們在徵兆萌芽時，提前意識到並且接納這份「人心的欲望」，未來這份欲望擴張的時候，就會成為我們的資產。所以不要忽視細微的變化，請持續觀測並繪製出變化的圖表。

不是零接觸（non contact）

而是選擇性接觸（selective contact）

비대면 non contact 이 아니라

선택적 대면 selective contact

從最初開始思考

如果不是新冠疫情帶來全部的變化，那麼一定會有個導致這些變化的根本原因，因爲永遠都有變化，只是這次的速度加快了。事實上，隨著時代不斷革新，每個人所從事的工作也產生極大且極快速的變化，以至於令人難以跟上步伐。

「在 PA funnel 中，當 properties 不準確時，應該透過 spending 反向追蹤，無論使用 ROAS 還是 CVR 進行判斷，如果序列無法轉爲公制被接收的話，activity classification model 不管是使用 regression based、KNN 或是 SVM 都沒有用。」

看得懂這段話是什麼意思嗎？

這是從事績效行銷工作的人，爲了優化而說明如何建立模型的內容。相當困難吧？即使同樣身爲行銷人，要是沒有負責相關業務的話，也很難理解這些艱澀用語。簡直就像「被診斷爲膽囊癌後，第一次先進行 portal vein embolization，第二次進行 extended right hemihepatectomy」一樣，相當於醫生之間使用醫學用語說明的等級。

在我看來，現在所有的工作都變得更加困難了。過去公開招聘新進職員並輪調部門的時代，不管什麼業務內容，只要接受公司的教育訓練後就能夠執行；然而現在卻連日常工作都變得困難，一切都變成更加專業化，如果不具備足夠的熟練度與專業知識，工作執行起來就會愈來愈困難。換句話說，現在正在轉變成一個沒有經過一定時間積累，就難以說明自我專業性的社會。

隨著市場的擴大，現在也可以在亞馬遜上販賣鋤頭，如果是製造鋤頭的人，一開始會覺得銷售通路增加了很好，但是接下來卻必須要去理解亞馬遜的排名方式。以前想販賣鋤頭，可以到市場上大聲吆喝招攬生意，然而現在是全球化且平台化的時代，無論自己做了多少事，若不具備相對的專業性就難以競爭，也就是對能力深化的要求更進了一步。

不僅如此，也開始虛擬化。隨著零接觸、無人化等科技的加速發展，我們需要能夠以各種形式展現商品的優勢與出色的條件。因爲不再像以前一樣能見面溝通、說服對方，如何整理自己的想法進而表達與合作，成爲了新的煩惱。

除此之外還多了自動化，雖然我們與機器的合作愈多，就愈能減輕辛勞，但工作卻相對不如以往穩定。在這樣的情況下，人類該從事什麼型態的工作成爲全新的挑戰，我們該如何重新確保現有的教育體制與個人的競爭力？而且現在基本上是低成長時代，難以像過去一樣無限擴張，哪怕是因爲全球暖化等環境議題影響，我們都正在避免與以前一樣的大量生產與大量消費。現在必須培養更卓越的競爭力來提升附加價值，而不是以低廉的價格大量出售。

諸如此類的原因導致我們的生活正在改變，已經很習慣現有生活方式的人就會感到慌張。如果是剛展開新階段的人，也許可以從容地接受變化；但對於進入轉折期或成熟期的人而言，原本的職場競爭力衰退的時候，如何創造新的競爭力便成爲新的課題。

我在某個論壇中看到一篇文章寫著「像我這樣的老頭們一下子就全都殉葬了」，文章的結論是居家辦公會準確得知個人的工作成效，而那些一直以來用嘴巴工作的薪水小偷都會陣亡，就連辦公室政治也行不通了。

這是在二〇二一年一月上傳的文章，經過將近一年的居家辦公後，證實這竟然是個可行的方法。從文章自稱爲老頭來看，他應該是個具有一定年資的管理職，身爲一位「管理者」在居家辦公的制度下，自然會思考自己如何且有多少貢獻，因爲他深知當自己貢獻少的時候會得到怎樣的評價，現在便因爲自己沒有好好工作將被發現而感到不知所措。

然而這篇文章寫錯了，殉葬是一起死亡，其實他只會獨自消逝。經過這次變革，過去在團隊中混水摸魚的人逐漸露出馬腳，看起來像在一起工作，實際卻沒在做事的人不在少數，他們嘴上掛著「你也很忙吧？」，但實際上他們一點都不忙。

上述的論壇文章帶給我們教訓是要「工作」，說得更精確一點，爲了證明自己的生產力，必須思考未來要做什麼、以及如何工作。與病毒展開世界大戰的過程中，我們各自爲了生存也正激烈奮鬥著，自營工作者與上班族皆是如此，只因慣例已打破。如果慣例仍存在著，人們就習慣依此行動，但是現在慣例已經瓦解，必須在行動之前先思考。

大家在日常生活中經常思考嗎？思考其實是非常疲累的行爲，更何況並不是自己思考完後就結束了，還包含與他人從中協議出最佳選擇的過程。能夠思考到這個階段的人並不多，加上我們總被要求當下思考和反應，眞正的思考便更加困難了。

最近中國舉辦了智慧農業競賽，具備數據科學知識的大學生們擊敗了經驗豐富的農夫，初學者贏得了這場競賽。因爲即使是經驗豐富的農夫也需要睡眠，農民曆是以整體作物來規劃播種及採收的時程，大多是以過去的經驗處理每天的進度和發生的問題，然而氣候正在改變，現在的土壤或天氣已經與過去不同，前所未有的全球暖化，讓農夫所具有的智慧無法發揮和過去一樣的作用，相較之下，密切關注大小的變化，甚至二十四小時提供支援的系統當然更具優勢。

面對氣候變遷，經驗豐富的農夫該如何對應呢？應該放棄農事嗎？難道只有農業遇到這種情況嗎？提供大家參考，參加競賽的大學生們，在比賽結束後依照當時的模型開創了他們的事業。

如果現有的慣例無法發揮作用，適應新變化的人與無法適應的人之間便會形成差距。美國前勞工部長及加州大學柏克萊分校的教授羅伯．萊克（Robert Reich）曾指出，新冠疫情可能會加深新型態的階級化，他所提到的新型階級共有四種，第一種是遠距階級（The remotes），他們是不受空間限制且具有專業技術的人，所需資源全都是數位的，因此只要有筆記型電腦就可以工作。能夠在線上工作的投資者、開發者們，卽使身處零接觸的世界中也毫無困難，甚至可以累積更多財富。

第二種是從事必要工作的人（The Essentials），從事公共服務的人不必擔心失去工作，不過因爲更常暴露在危險的環境中，可能會碰到較艱難的時期，醫療從業人員就是典型的例子。

第三種是失業者（The Unpaid），由於這次的新冠疫情，餐飲業和旅遊業的職缺減少，許多人都很辛苦。

光是這一層就令人憂愁不安，更可怕的是還有最後一層階級，也就是被遺忘的階級（The Forgotten），完全不被看見的人，囚犯、遊民、無國籍移工等因爲醫療缺口，受到非生計而是生存的威脅。

如果處境艱困的人們增加，就會出現應該由誰來負責的問題，並成爲「公共」議題，公共所涵蓋的領域不只是支援困難狀況而已，極有可能會延伸到生存範疇。由此可以推斷，社會體系會步向規模更大的政府，稅金也會隨之增加，這其實是既定的程序，並不是預測而是理解會如此發展；換句話說，出現了新的社會共識，需要規模更大的政府以及支援。

若要增稅，我們就會想監督自己所繳的稅金如何被使用，因爲負擔持續增加，更會去要求負擔的正當性。

如果這是社會整體的動向，面臨生存困難的個體該如何尋找出路？答案是分散自己的工作，也就是捨棄終身雇用或全天制的工作，轉向一點一點從事各種工作的模式。最近也出現許多上班族兼職外送服務的新聞，像是利用休息時間或下班路上的空檔外送等情況，以前外送被貶低爲既辛苦、附加價值又低的工作，現在卻出現了駕駛著高級轎車外送的場景。

過去沒有類似這種形式的零工經濟嗎？當然有，上班族從兼職的方式開始追求知名部落客、YouTuber 等多重身分，原因是無法再將人生全部投注在單一身分上，只有過去追求的那種完善、恆久的薪酬制度，才能將人生立足於單一組織，然而現在的環境變化快速，無論是組織或機關，都不再能保障生存。因此，不把雞蛋放在同一個籃子裡，這種投資策略也適用於生存。事實上，隨著多重身分受到提倡而不是貶低，擁有多重身分的人逐漸增加，這也許代表著對如今社會變化適應良好的象徵。

共同經驗，多元想像的可能性

這些變化最終延伸而成的是，我們如何分配有限資源的共識。形成共識之後，每個人對於適應的嘗試，將會成為共同體的新約定與規則。

共識不會自然而然形成，必須互相認同才能達成共識，因此，在交流中如何引發人們的認同感相當重要，但透過疫情的影響我們理解到，如果彼此擁有共同的經驗，會更容易形成共識。

個人的價值觀和決策，來自於各種經驗；同樣的，集體的價值觀和決策，也來自於重大的共同經驗。舉例來說，發生足以定義世代的重要事件，而經歷過該事件的人們所具有的認同感，則可能會和其他世代產生落差，美國「沉默的世代」出生於一九二五至一九四五年，他們深切經歷了經濟大蕭條、麥卡錫主義及第二次世界大戰；出生於一九四六至一九六四年的嬰兒潮世代，越南戰爭、人權運動、甘迺迪遇刺及太空探索，是他們成長過程中的重要經驗。緊接在後的X世代經歷了柏林圍牆倒塌、MTV、波斯灣戰爭等重要的歷史事件；千禧世代遇到了九一一恐怖攻擊、社群媒體出現、Y2K等令人感到震驚的經驗；經濟大衰退、伊拉克和沙姆伊斯蘭國、同性婚姻合法化與首位黑人總統，則成爲了Z世代的重大經歷。

成長過程中的經歷，會成爲個人價值觀形成的基礎之一，而且價值觀一旦形成，不同世代的人之間便難以達成共識。電影《阿甘正傳》中涵蓋美國近代史的重要場景，只有知道相對應的事件，才能完全明白故事中的隱喩，因此Z世代難以盡情享受這部電影；韓國電影《國際市場》也是如此，許多青壯年觀衆在看這部電影的時候，沉浸在「那時候就是這樣啊」的回憶中，但對年輕世代來說，只是個有趣的老故事而已。

韓國青壯年受衆記憶中的「那時候」是什麼樣子呢？那是個大家通力合作只爲實現「漢江奇蹟」，因而還得忍受勞動權益受損、各種顯性或隱性壓力的時代，而韓國人的「快點快點」急性子文化也由此形成。在那個什麼都沒有的年代，人們以只要現在辛苦，將來兒女們就能過上好日子的邏輯，拚命、大量且快速地做任何事情。儘管附加價值被過份低估，得不到應有報酬的情況比比皆是，然而愈是如此，就愈要用更快的速度製造、用愈大量的方式去銷售來彌補。如此一來導致的局面是，人們推崇長時間的工作是種美德，晚上十點下班的金代理會被稱讚是個優秀職員，就算他是因爲打電動才晚下班也依然優秀，畢竟他在公司待得晚。

反觀現在呢？由於自動化科技的普及，許多工作不是由人而是由機器在做，對於勞動的定義也逐漸不同於過去。隨著每個人能力的不同，附加價值也千差萬別，因此現在並不是拚命工作，而是做好工作。但是仍有不少人跟不上這個機制，主要是在成長過程中，受到經濟開發時代教育的老一輩。在經濟合作暨發展組織中，韓國仍以總工時與其他會員國爭奪首位，即使經濟成長的幅度已趨緩，依然無法放下過去的方式，仍舊在拚命工作。這會出現什麼問題？就是他們與那些未曾有過同時代經歷的人之間會產生衝突。

過去是而現在不是的時候，就必須改變制度、系統，並努力適應變化；還有當下我們正共同經驗的重大事件，因爲共同的經驗能讓我們實現共同的想像。

《人類大歷史》（*Sapiens: A Brief History of Humankind*）一書的作者哈拉瑞（Yuval Noah Harari）曾說過，人類有個有趣的特質，就

是相信虛構，甚至是集體相信一個虛構的概念。

舉例來說，乘船渡海遇到了風浪，失去心愛的家人、朋友或物資的時候，我們當然會悲傷不已，如果只是傷心欲絕，陷入深深的無力感中，或許就再也不會造船去探險了。可是人類卻會盡可能給出解釋，比方說「也許海底下有著未知的絕對存在，因爲我們貿然打擾才讓船沉沒以示警戒，下次若想要保住性命與財物，是不是應該心存善念、虔誠獻祭？」所以才出現了孝女沈靑爲父祈求，自沉印塘水爲祭的故事。

人類像這樣透過解釋未知以尋求安全感後，才有勇氣進行第二次、第三次的冒險，多虧了我們共同相信不存在的東西，才得以一起合作，創造出貨幣與國家、造就了更大的文明，也讓沒有絕對力量的人類，成爲這顆行星的主宰者。

而這一切的關鍵是「共同」。當你在紙上畫畫並說這是錢的時候，如果只有自己一個人相信，就無法交換；必須全部人都相信，才能作爲貨幣交換、才能保值，這正是「集體想像（collective imagination）」的概念。

重要的是，經驗與想像力從同一個起點出發。這次的新冠疫情讓全人類在短時間內擁有共同的經驗，我們採取的應對，以及應對後引起的反響，將會成爲今後改變社會的巨大動力。

懷疑自己的價值觀

仔細想想，我們的生活中有許多大大小小的變化，變化是必然的，困難的是變化的速度加快了。

變化本身是中立的，沒有好壞之分。如果我準備好了，就會成爲機會；反之，就是危機。因此，與其抱怨社會變化，要以什麼態度應對是否更值得思考呢？變化速度加快、大家都在努力保持領先，與其緬懷過去忽略此刻，倒不如專注思考自己能做什麼準備、是否能夠達成明智的共識。

例如以新冠疫情爲契機，我們嘗試了彈性工時、居家辦公及遠距工作等制度，從中感受到必須積極接受新的方式，因此我們要爲此準備，需要建立一個新的系統，決定與怎樣的同事、如何一起工作，並採納新方式來融入及協助組織文化。

我們在腦海中描繪目標的時候，總會想像起點到終點是一條筆直延伸的道路，然而現實中的道路總是布滿陷阱。一九九七年，韓國曾因外匯危機瓦解過一次；接著在二〇〇八年，美國次級房貸風暴再次引發經濟危機；這次又迎來了新冠疫情，那麼第四次會出現什麼呢？人工智慧、機器人學和元宇宙會帶來什麼樣的變化？

這所有的變化對人類而言可能成爲促使進步的逆境或動機，但對於個人而言，卻像是面臨一座擋在眼前的巨大山脈。我認爲，每當遇到這種時候，最重要的事情是如何適應變化，並保持自己的能力及競爭力。

首先，請對自己的價值觀抱持懷疑精神。有些事或許仍然可行，有些卻可能不是如此，希望大家不要強迫自己非得遵循因慣例而做的行爲，透過共同經歷的變化留下新時代所需，果斷重新定義不需要的，我認爲這是我們從變化和危機中，獲得的珍貴經驗與機會。

此外，我們也應該鄭重定義改變開始的起點，否則可能會爲下一個世代帶來出乎意料的重大變化。

一九九七年的外匯危機之後，非正式員工在韓國社會中變得相當普遍。以前卽使是客服部門裡專責接電話的職員，也都是正式員工。由於巨大的經濟危機，便出現了非主要業務外包化的彈性作法，卽使當時社會上也掀起強烈的反抗聲浪，終究還是實行了。隨後正式員工與非正式員工待遇上的差距逐漸擴大，爲了提升價值以爭取正式員工的資格，助長了人們對私人教育的渴望，由此衍生的衝突引致社會更大的負擔。也就是說，隨著時間的流逝，一九九七年的決策變成了韓國社會中的一項難題。

類似的案例也曾發生在二〇〇八年全球金融海嘯中，原是由美國的次級貸款而引發的金融界問題，解決方法也是量化寬鬆，等同於一下子釋放大量的貨幣，於是安全資產湧入過多資金而形成了泡沫。現在韓國的房價非常高，民衆普遍不相信辛勤工作就能買得起房子，社會因此變得更不穩定，人民的幸福感也隨之下降。

或許我們能將共識的標準，設定成「共存」並且持續摸索前行。人類是群體生活的物種，因此不能忘記替他人著想，是人類這個物種生存時最重要的特徵。爲了全體的共存，在替每個人著想的前提下，才能擁有更明確、更有智慧的共識。

幸運的是，我們的社會擁有聰明的共識系統，也具備優秀的科技能協助我們。科技並非搶走人類的工作，還可以創造更好的生活，如此一來，科技賦予人類更多的自由，我們就能夠實現更多創造性的變化。

變化本身是中立的，

沒有好壞之分。

如果我準備好了，就會成為機會；

反之，就是危機。

변화는 중립적이어서 좋은 것도 나쁜 것도 없습니다.

내가 준비했으면 기회가 되고,

그렇지 않으면 위기가 될 뿐입니다.

3

ADAPTATION
適應

思想與時俱進

當我們知道生活中會發生什麼、會有什麼變化後，下一個問題便緊接而來：那麼我該如何適應呢？適應換個說法就是與時俱進，跟上當前變化的實際狀態。

如果環境改變，規則也必須改變。雖然過去因共識而制定的既有規則仍然存在，但如果每個人想法都改變，所謂的常識（common sense）也會隨之改變，因而需要新的規則，這就是與時俱進。對才剛展開職場生活不久的人，現在比過去的經驗還要重要，所以不太需要更新；相反的，與時俱進對「已累積了許多經驗」的人而言，是更爲重要的課題。

不只是個人，而是連同社會體系、制度、慣例也必須與時俱進。因此我們需要思考，如何在社會上達成這樣的共識。從更新知識、協議新的合作方式等小挑戰，乃至全球暖化等大議題，我們一輩子都在適應當中，即使生活中有目標，環境仍不停變化，所以必須跟上腳步，時時調整策略並尋找支點。

與時俱進，

專注當下就是創新。

현행화,

현재를 유지하는 게 혁신입니다.

被迫適應

最近網路上常看到「生存」、「履行義務」、「自我」等詞彙，還有我們前面提過的「家」也出現了。過去我們常外出喝咖啡、吃烤肉，現在卻已經有許多人不去烤肉店，而是買肉回家料理，這當然還包含前面提過的家用咖啡機。我們借助各種平台與設備，逐漸消弭了外出與居家的空間界線。

這些變化對於家電公司而言是個機會；然而位在商業區且最適合聚餐的烤肉店則將面臨危機。就像這樣，能夠適應的人與無法適應的人之間便會形成差距。

韓國的快遞司機都會隨身攜帶三四支手機，因爲這些人是自營工作者，可以同時在許多企業中工作，因此需要爲服務的企業設定各自的門號，才能接到許多電話。換句話說，擁有無數支手機是提升自我競爭力的手段，不會操作更多的功能或無法投資多臺裝置的人，就得不到更多的工作。又像是如果所有人都使用應用程式呼叫計程車，不熟悉應用程式的司機就會錯失賺錢的機會。

不久前我遇到一位年紀約八十多歲的計程車司機，他說自己第一次開計程車是在一九六九年，到目前爲止已經開了超過五十年，在過去這段歲月裡總共報廢了九輛車子的他說，現在所駕駛的是他最後一輛計程車，之所以買這輛的理由是，新上市的電動車看起來很有趣，他十分享受駕駛電動車並且爲它充電。這位司機當然也使用應用程式接受呼叫，並提供信用卡支付服務。

如果像這位計程車司機一樣具備對科技的接受度，就可以生存下來；反之則會遭到淘汰。相同的事情也可能會發生在其他領域，當所有人都身處在科技接受度與生存密切相關的社會中，無論是誰都必須學習新事物。

最近人們還紛紛評價計程車司機態度變得非常親切，原因是親切的評價才有助於優先接到呼叫。P2P 網路借貸平台上可以互相評價，就像 Airbnb 一樣，想使用該平台的服務也必須是好旅客及超讚房東，才能獲得優質的住宿與客人推薦，計程車司機也正走在努力提升自己評價的路上。我們必須行動，才能適應。

外表高冷的「傲嬌型」司機也可能無法載到客戶，如果評價低於四分，可能會被自動排除在叫車服務之外，或是比其他司機晚一兩秒收到呼叫。在公開市場中，一兩秒是極大的差異，任何曾緊盯疫苗殘劑訊息並嘗試線上登記的人應該都明白，而我一次都沒有成功登記過。

哪怕競爭力只是小幅度下降，對個人來說也可能因此面臨致命性的危機，這形成了一個「強迫親切」的社會系統，不能接受這個變化的計程車司機，現在可能會經營得相當艱難。因此，思考自己要如何接受這樣的系統成爲重點，因爲這將成爲自身的適應力，同時也是生存力。

清楚的數據，明確的共識

當危機出現時，變化總會到來；當危機擴大，適應的層級便會超越個人，進入人類全體的範圍。必須爲了人類的生存而努力，努力也會促進過去難以進行的龐大投資，例如噴射發動機、洲際彈道飛彈（ICBM）、全球定位系統等，原本是爲了贏得戰爭而投資的產物，並非民間企業爲收益而開發的，諸如此類豐富我們生活的技術，是以殺人的技術爲起點展開，透過戰爭使文明發達，這是人類史上的巨大諷刺。因應危機的對策，成爲推動文明發展的催化劑。

這次人類也與病毒展開戰爭，出現了信使核糖核酸（mRNA）的新技術，還在短時間內研發出疫苗並實現商業化，這也是因爲在人類史上形成了共識，使我們在面臨巨大危機的時候，能夠進行僅次於危機的投資。

非得這樣賦予意義的原因是，人類從未像現在這般全面應對病毒。首次發現伊波拉病毒是在一九七六年，然而三十多年來一直沒有可以注射的疫苗，直到二〇一七年才出現了有效疫苗。雖然伊波拉病毒是致死率非常高的嚴重疾病，但受到病毒危害的地區主要局限於西非，不幸的是，因爲是發生在經濟落後的國家，所以對先進國家中那些開發與銷售疫苗的人而言並不具有威脅性，正因自己沒有切身感受所以不會投資；相反的，新冠病毒肆虐全球，連先進國家也受到重大打擊，因此短時間內投入鉅額資金，只花費不到一年的時間，人類就可以接種疫苗。

不僅如此，爲了克服新冠疫情這個巨大危機，人類正在嘗試各種努力，問題是沒有足夠充裕的時間來證明結果，如果我們可以提出假設且一一驗證，看完結果後再提出結論就會更有把握。然而與病毒的對決分秒必爭，如此急迫之下，必然不是嘗試後再驗證結果，而是以邏輯決策系統爲基礎進行推測，這是一項根據過去與現在的數據來提升成功率的工作。

也就是說，進行試誤法（trial and error）的時間愈少，科學技術與理性思維就愈重要，因此，具備目前已累積的科學技術，以此爲基礎提升成功率的理性思維是不可或缺的。

約翰・史諾醫生之所以能夠在倫敦爆發霍亂後發展流行病學，是因爲透過數據推斷出下水道是起因，儘管當時他甚至不知道細菌的存在；如同我們所知，疫苗是從金納醫生的牛痘接種法開始，爲了防止天花這種致命疾病。與其將這視爲一個人的偉大成就，似乎更應該視爲人類在爲生存奮鬥的歷史上，留下的試錯總和。也就是，根據過去的結果爲基礎來推斷成效。

同時也需要能凝聚共識的溝通手段。

想要實現巨大的變革，必須集體共同合作。要想促成這樣的合作，光憑情感上的共鳴難以實現，需要全人類透過溝通，結合各自擁有的智慧與知識，因此需要邏輯性的說服。爲了讓我們能夠清楚理解，舉下一頁一張美麗的圖表爲例。

這張又名玫瑰圖（Rose Chart），對於分析數據的人而言是一張相當有名的圖表。這張圖表是由佛蘿倫絲・南丁格爾所製作，受到小時候讀偉人傳記的影響，多數人對她的印象都是「白衣天使」，但事實上，南丁格爾既是統計學家也是軍事戰略家。

克里米亞戰爭期間，她在野戰醫院工作，研究是什麼原因導致青年們死亡。出乎意料的是，比起作戰中負傷而當場死亡的人，在移送到醫院後因疾病致死的情況更多。當時野戰醫院的衛生條件非常惡劣，許多人即使不是重傷，也會因爲無法受到妥善治療而死於二次感染。

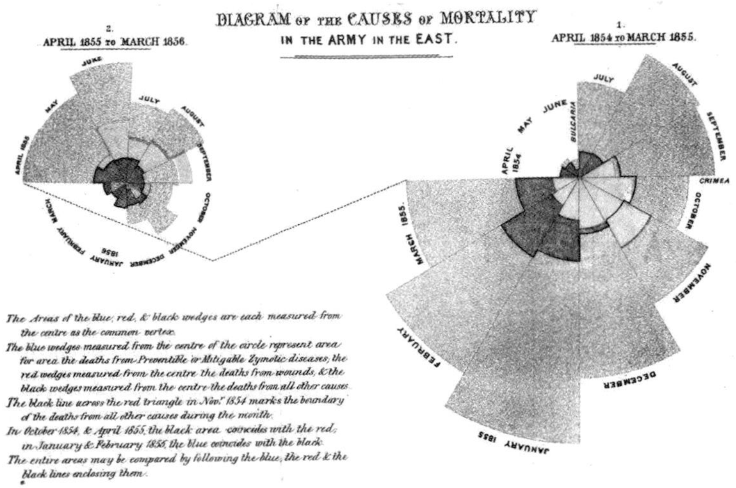

佛蘿倫絲．南丁格爾，“Diagram of the causes of mortality in the army in the East”（1858）

觀察到這個現象的南丁格爾，證明了就算加強戰場上的武器很重要，但擴充醫院設施可以挽救更多性命。她是如何證明的呢？南丁格爾破壞了倉庫取得物資，拿出許多慈善家的捐款，再加上自己的私人財產投資醫療設施，得到的結果是，死亡人數因此驟然減少。

她不僅證明了這個事實，還將結果製作成淺顯易懂的圖表傳回英國本土。圖表中的每片花瓣指的是每個月戰場上的死亡人數，花瓣邊緣較寬的區塊代表因疾病所導致的死亡，最內側區塊則代表因負傷所導致的死亡，其餘部分代表因其他原因導致的死亡，我們可以一眼看出有多少人死於疾病。

英國國會與國民在看到這張圖表後，自然認同投資野戰醫院的必要性，民意認爲只要投入些許資源就能夠挽救青年們的寶貴性命，這個投資是相當合理的。多虧如此得以投入資源，並形成了現代健保的框架，成就一樁美麗的軼事。

這張圖表對我們而言具有重要的意義。

第一個提醒我們的是因果關係的重要性。如果理解「輸入」（經歷或經驗到的）與「輸出」（反應或對策）分別是什麼，那麼只要改變「輸入」，就可以修正或使「輸出」產生變化。換句話說，當事件發生時，不只在情緒上產生共鳴，還要理性判斷，並以科學的角度推論，必須改變什麼環境或行爲，才能改變未來的結果。

第二個提醒我們的是，證明因果關係並傳遞給大衆的重要性。這種時候「淺顯易懂」的傳達尤其重要，如果使用以複雜圖表和邏輯論述而成的研究報告來說明的話，只有少數專家能夠理解，卽使得到專家的認可，也很難使用整個社會的資源。要讓多數無法產生共鳴的人達成共識並不容易，所以使用任何人都能理解的，直觀、簡單的方式來呈現訊息，勢必會變得更重要，也唯有如此才能形成共識。這種溝通形式最近被定義爲一門名叫資料視覺化（data visualization）的學問。

在我的認知裡，眞正優秀的是能夠化繁爲簡的人；眞正壞心的卽是化簡爲繁的人，因爲對方的無知或訊息的差距，能夠提升自己的主導權，所以故意說得讓人聽不懂。許多行業或學科的專家們，建立了屬於他們自己的共通語言，熟練地使用著同溫層易懂、但一般人難以理解的方式溝通。

南丁格爾使用一張圖表說明了，如果是全體命運的決策，就應該以更淺顯易懂的方式，解釋自己所知道的事情，才能形成全體的共識。以科學技術與理性思維爲基礎，說明卻簡單易懂的方式，我們日後應該會常受這種說明方式影響吧？

創新的接受度

接著，一起來回顧我們是如何面對新冠疫情這個重大的危機。

自新冠疫情以來，許多國家都會即時報導與疾病抗爭的結果，遺憾的是，再完善的防疫措施，也無法終止整個局勢。例如，本來英國的疫情在多數國民都接種了疫苗後逐漸穩定，但隨後 Delta 變異株開始擴散；同樣的，美國認爲既然已經施打了疫苗，就不用再進行隔離或保持社交距離，但不久後疫情又回溫，只好考慮是否需要再次戴上口罩。先進國家中，澳洲在疫情初期便關閉了國境，採取嚴格的管制措施，因此被歸類爲防疫模範國家，然而其他國家是否可以參考相同的制度，大家對此想法眾說紛紜。由於澳洲的人口少，農畜產品等資源的出口，在整體產業中的占比較高，人員的流失也相對較少。全面關閉國境的政策，是在國家擁有這種背景下所實施的，因此難以確認對其他國家是否確實有效。

此外，還出現了臺灣的口罩實名制、韓國的車來速等多元的政策與創意。這些都是各國絞盡腦汁的新嘗試，而後續執行將呈現這些嘗試的成與敗，待新冠疫情結束，每個國家都會制定白皮書，另外也應該會出現綜合這些白皮書的「白皮書中的白皮書」吧！如果白皮書中記載了所有疫情發生的環境要素、原因、對策與產生的結果，就會因爲每個國家都進行了不同的嘗試，而出現集結各國試誤法的「白皮書中的白皮書」，如此一來，人類經驗得以累積。各種型態的新嘗試同時發生後，即時關注結果、進行集體評價，如果我們夠成熟，至少不會重複同樣的錯誤，我們所學到的教訓，應該就有助於改善人類的生活吧？我希望是如此。

在韓國也觀察到有意義的嘗試，也就是做了別人沒有做過的事情。雖然從某個角度來看，這似乎是理所當然的，因爲是初次經歷前所未有的事件，對策也無法比照現有的方法，隨著科學技術的發展，我們自然會期待新技術更勝於現有的方法，換句話說，進行新的嘗試而非沿襲過往，本是個極爲自然的情況。但身處在韓國社會的我們，之所以害怕新的嘗試，是因爲直到現在的成長方式都不是如此，我從小常聽到的一個成語就是溫故知新，意思是努力複習學過的東西、創造新的事物。這是一種回顧（retrospective）的方法，從過去汲取教訓來面對新的狀況。

爲了發揮溫故知新的智慧，必須對過去的知識進行充分驗證，並從中延伸出屬於自己的新方法。然而韓國在開化期左右，以及之後的生活本就已很辛苦，並沒有太多機會能去發展自身的科學技術與理性思維，在這樣的條件下，國家的目標是短時間內實現經濟成長，因此過去我們所選擇的主要策略是標竿管理，就是快速學習卓越且穩定的技術後，日以繼夜地努力，使用更少的資源、製造更多的產物。我們已經習慣了這種制度，用現在的話來說，是快速追隨者（fast follower）的策略。進而衍生的副作用是，不做新嘗試。要是嘗試新方法，就會出現猶豫不決的狀況。我們長期接受的教育，讓我們在嘗試時會感到不自信，即使嘗試了，社會的接受度也會很低。

但這次發生了什麼狀況呢？過去作爲標竿學習對象的先進國家，全都陷入了恐慌。當我們驚覺無法再倣效的時候，感受到極大的混亂，就像爬山時跟著領頭羊前行的人一樣，在某個瞬間發現眼前空無一人，便因爲不知所措而一時陷入了恐慌狀態。幸運的是，韓國人當機立斷，過去我們也曾發生過幾次類似的災害，大家仍記得當時未能好好對應的教訓，因此這次的動作敏捷，只要邏輯上合理，卽使沒有前例也果斷應用，從快速追隨者變成了先驅者。

其中的例子是車來速和零接觸防疫採檢站。最初的問題是，檢體採檢所花費的消毒時間與費用，受檢者進入篩檢站的前後，都會經過消毒的程序，爲此醫療人員不僅相當疲累、還需要花上很長的時間，一個小時連五個人的篩檢都無法完成。在既定時間內處理劇增的受檢者，看來是件不可能的事。在試圖找出替代方案的過程中，有人提出了新穎的想法：空曠的地方感染風險較低，若是乘坐自家的車子，或在戶外設施進行檢體採檢，就可以省去消毒的程序。

但是這個方法史無前例，既沒有錯誤機率，也沒有能確保安全性的統計數據，儘管如此還是執行了。爲了盡可能減少新的感染者，在篩檢過程中傾注大量心力，後來這個方式得到認可，還成爲國際協議。

這個微小成功，會爲我們帶來什麼樣影響呢？

所有人都會產生信心。老一輩的人只要回想起朴世莉選手就能夠理解，當時韓國面臨國際貨幣基金組織外匯危機，全國人民爲此感到心灰意冷的時候，這位年輕選手憑藉先進國家才常見的球類運動項目，在美國的土地上、甚至還是重要比賽中，登上世界冠軍的寶座。韓國媒體以「韓國的女兒，稱霸世界」標題引發轟動，事實上朴世莉選手的奪冠不只是個壯舉而已，還有著嘗試擺脫身爲韓國人的自卑感，這個更重要的意義。當時在職業高爾夫這類的運動項目中，幾乎不會出現第三世界的選手，立志參加重要比賽或得獎是很困難的事，但是朴世莉選手打破禁忌，讓大家意識到一切並非不可能，只是從來沒人嘗試過而已。

朴世莉選手取得成功後，後輩們也打開了美國女子職業高爾夫協會的大門，我們稱她們爲「朴世莉兒童」，甚至還一度出現過韓國選手獨占美國女子職業高爾夫協會前五名的景象。禁忌一旦被打破，許多有潛力的人便紛紛敢於嘗試，隨著時間推移，驗證出可以取得更高成就的結果。

然而這次更快就展現出成果。朴世莉選手在一九九八年奪冠後，到二〇〇〇年中期才出現朴世莉兒童的成果；新冠疫情的車來速和零接觸防疫採檢站則立即看見成果，還推行到其他國家，那些過去韓國努力做效的先進國家也反過來學習。韓國這次不僅研發出可信的方法，還讓大家產生了信心。以邏輯的角度解釋後，嘗試實行新事物，可以大幅提升成功率。除此之外，大家還獲得了嘗試新事物不一定危險的安全感，從結果來看，是提升了對創新的接受度，這一切都將成爲進行其他新嘗試的動力。

因此，如果各位有什麼前所未有的新點子，請不要錯過機會，當大衆對新服務、創新的接受度提高，整個社會也會樂於分享，去驗證各位的想法，進而得到回饋。在我們猶豫不決時，說不定其他的創新會奪得先機。當我們接受新事物後，必然會捨棄舊事物，像是如果推出每日洗衣服與燙衣服的服務平台，社區洗衣店就會失去立足之地，因爲服務平台有著社區洗衣店完全無法相比的速度、價格和便利性。

在接受度提升的世界裡，如果無法藉由創新領悟到新的方式，便會難以生存。我們必須盡快摒棄陳舊的想法，因爲這是接受度讓人感到膽戰心驚的另一個面向。

理性思維

想要執行全新而大膽的嘗試，人們必得秉持著更積極的態度進行討論。因爲無法花充足的時間預先驗證，我們必須判斷什麼新方法的成功機率更高，光憑個人的計算就想判斷並不容易，因此希望透過集體商議，共同計算出機率後再選擇。

舉例來說，我們會和身邊的人認眞討論，施打哪個廠牌的新冠疫苗比較好。有些人會事先詢問已經接種完的熟人，有些人尋找國外各種臨床案例，有些人則索性閱讀學術論文努力理解。因爲這是身處在不確定世界中，自己要爲自己決定的重要問題，自然想盡力降低與自身相關的不確定性，這正是生命的基本屬性。就像達爾文理論的適者生存，必須具備更適合環境的特性、要提高生存率，所以當我們愈不確定的時候，煩惱就會愈多。

整個探究過程逐漸變得相當科學。新冠疫苗分成病毒載體疫苗、mRNA 等不同種類，起初圍繞著疫苗的各種謠言四起，導致不少人拒絕接種疫苗，至於他們的選擇是否正確，得交由往後的歷史來判定。

我聽到的謠言之一是，美國微軟創辦人比爾蓋茲在疫苗內植入晶片，如果施打的話，大腦會被操控。這雖然完全不合理，卻透過即時通訊軟體散布開來，若在過去，謠言會無止盡的流傳且混淆眾人；現在則會立即消失，因爲人們能立即找出生物化學領域的論文爲根據，提出反駁。由於即時查核了無數的訊息，科學方法開始在人們之間扎根，即使我們不具備醫學大學教授的知識，仍然可以在與他人交流中累積資訊。

正如「讀書百遍，其義自見」，反覆閱讀自會領悟其中的道理。所以我們才會在這麼短的時間內成爲疫苗專家，關鍵正是社群媒體，是YouTube、推特、部落格、Instagram等平台讓資訊能大量的交流。過去若發生重大問題或流傳不實謠言，政府會透過電視或廣播發表談話來平息，但也只發表一次後就結束；現在則形成了能交流無數想法與回饋的社群網路，其中具有充分科學解釋、又能得到共鳴的資訊位居優勢，以此爲基礎，確保了每個人累積自身素質的系統。

後來有個著名的玩笑說因爲YouTube，在新冠疫情的時局下，全國人民都成爲了生物化學家。生物學很困難，化學也很困難，結合這兩者的生物化學該有多困難。儘管如此，多虧那些讓全國民眾都能充份理解的視聽資料，才得以實現這樣的學習。

更何況現在的資訊量太大，幾乎不可能像以前一樣進行教學。所謂的教學行為指的是，安排固定的課程、固定的進度，光是看 YouTube 就知道，全球有無數的知識及延伸的浩瀚智慧，怎麼有辦法全都教完呢？我們應該要自己定義想學的內容，為自己設定檢核點。不是接受單向的教育，而是經由思考後制定學習的領域，作為自己的主力。為了累積的智識與遠見，我們要尋找取捨訊息的機制，建立結構的課題才是需要受教育的，其餘則可以謹慎推斷是否藉由媒體自主學習。

在我看來，比起戰勝病毒，我們將因此學會基本的科學常識與理性思維，這似乎是更大的好處。因為消滅病毒只停留在生存層面，智能化則會打造出一條路徑，為日常中所有決策提升品質。無論我們做什麼，都能先思考再行動，不只是獨自思考，而是集思廣益的結果，這將讓現存的人類更為明智。

過去在發生戰爭等重大危機的時候，能看到掌握尖端技術的國家，享有更進一步的優勢。如今只要透過社群網路學習最尖端的知識，即使經濟能力或科學技術較落後，也能夠戰勝病毒。

我想進一步思考的是，只有尖端的科學技術才能解救人類嗎？新冠疫情後我看到，雖然尖端技術很重要，卻也不能忽略其他有效的方法，只要是與投資相比，效果更顯著的技術就可以了，並非只有尖端技術才重要。舉例來看，幾個開發中國家正飽受水污染的折磨，比起爲他們建造大規模的灌溉設備、安裝自來水系統，不如提供淨化污水的過濾技術，後續運作與維持的費用會相對減少很多，某種程度來說，就像永動機一樣，可以持續改善他們的生活。如此一來，我們不一定都需要尖端技術。

這次我們眞切感受到口罩的威力，體驗了單憑口罩就能夠防止疾病擴散，另一件事情是洗手。由於我長期演講，喉嚨的狀態本身就不太好，以前歌唱得還不錯，現在卻已經無法唱了，而且動不動就會感冒，然而我從二〇二〇年開始，一次都沒有感冒過，完全是託了口罩與洗手的福。光憑這兩項，在新冠疫情後的這段時間內，就解除了困擾我足足二十年的感冒，讓我眞切感受到洗手的重要。可是直到現在，我們才知道嗎？其實大家從小都學過，雖然常常聽到外出回家「先洗手」的嘮叨話，卻常常漏掉或不放在心上，就忽略了洗手。

此外，感冒的原因是各種綜合因素所致。早上睜開眼後若發現喉嚨不舒服，腦海瞬間會浮現各種假設，像是「昨天冷到了嗎？」、「洗完頭髮沒吹乾嗎？」或「維他命C不足嗎？」，不知道哪個才是眞正的原因而猜測各種可能，接著穿上厚衣服、補充維他命，倘若身體恢復了就放心下來，但萬一又不舒服了，就再反覆這麼做。雖然知道掌握原因就能夠改善狀況，卻未必知道是因爲什麼而狀況改善，這就像行銷人員面對銷售額增加，卻不知道原因是橫幅廣告、販促活動還是改變宣傳標語的處境一樣。

遇到這種情況，我們時常採行A／B測試，先調整一個變量，再來看結果。我們在經歷新冠疫情後，針對洗手與戴口罩是否能避免感冒，進行了A／B測試，結果不是只有少數個人沒有感冒而已，而是全體國民都沒有感冒。在韓國，大多數人都有加入全民健康保險，能夠得知醫療費用的統計數據，其中因感冒就醫看診的費用占了相當程度的比重。在其他國家，因爲醫療費昂貴，所以感冒並不會去醫院，而是直接買藥吃；但在韓國因爲個人的負擔小，所以小感冒也經常去醫院看診。然而新冠疫情後證實，感冒患者大幅下降，減輕了鉅額的費用與醫療負擔。

理性的判斷與經驗結合，就會改善生活。「做了就會變好的事情」實在太多了，像是必須持續運動、和朋友們好好相處、對他人說好話，我們很難全都做到。再加上能做到這些雖好，但我們確實也沒想過非做到不可。罹患重病的人會好好照顧身體，是因爲體會到健康管理的必要性與因果關係。這次全體國民共同經歷了類似的體驗，這結果也全部數據化，期待洗手的文化仍會延續下去，至少我會繼續，因爲我不想感冒。

由於我們具備科學常識與理性思維，
無論我們做什麼，
都能先思考再行動，
不只是獨自思考，
而是集思廣益的結果，
這將讓現存的人類更加明智。

과학상식과 이성적 사고를 갖추게 됨으로써
무얼 하더라도 생각하고 하게 될 것입니다.
심지어 나 혼자 하는 게 아니라
모두의 머리를 맞댄 결과물이므로
현생인류는 좀 더 현명해질 것입니다.

完整顯示過程

為了能理性判斷，測量很重要。彼得・杜拉克曾說過「如果你無法測量，就無法改善（If you can't measure it, you can't improve it）」，只有確切知道問題是什麼，才能修正。

舉例來說，如果我的孩子數學不好，就要釐清是集合的問題、還是運算的問題，才能找到解決方法。若只是概括的說數學不好，最終就會以放棄數學作結。科學決策的依據是輸入的資料，透過測量協助我們釐清輸入與輸出之間的關聯性，才能以此為基礎推論結果。

慶幸的是，我們正在走向一個容易測量的世界。物聯網（IoT）的概念已經出現一段時間，我們也因此生活在富足的世界，像是採用低成本且大量生產的方式，讓每個建築物的入口，都能夠放置體溫偵測器等設備；還有像摩爾定律一樣，半導體的容量與投資費用成反比的現象隨處可見。我們周遭設置了許多可以測量大量數據的設備，匯集這些巨大網格的話，除了確診者網路外，還能測量全球人類的溫度變化，這些全都會以數據的形式留下。

我們已經在不知不覺中習慣測量。我們會分析大量的圖表來觀測股市，會測量BMI或使用智慧手錶檢測心率來關心健康。進而在股票或虛擬資產的投資上，出現爲了搞笑的測量法，那些以圖案輪廓繪成的股票走勢圖，像是基英[5]投資法、青蛙投資法、大象投資法等。有時還會出現一些，聲稱自己以邏輯推測出能猜中樂透號碼的網站，到了這種程度，與其說是科學決策，更像是進入迷信的領域。幸運的是，大多數人是運用科學測量作爲理性判斷的基礎。我所認識的人當中，實際上就有人因爲智慧手錶上顯示的心率突然升高，即使身體沒有感覺異常，還是在去了急診室後脫離險境。

如果人類擁有能拯救生命的數據測量技術，生活將會改善到什麼程度，哪些產業將迎來嶄新的機會呢？

像剛才提到的人，他在去大學醫院的時候，原本需要測量病患平時的心電圖（ECG）資料，他不必重新測量，只需提供智慧手錶中的數據，就可以輕鬆解決這個問題。在心律不整等情況下，即使去看心臟內科也難以立卽診斷，因爲那是間歇性的症狀，原就需要事先測量四十八小時的數據，醫生很難在短短的看診時間內發現。每天都配戴智慧手錶，則

5｜基英爲韓國卡通《黑色膠鞋》的主角，擁有一顆招牌尖角頭。基英投資法卽是以尖角頭的輪廓繪製而成的股票走勢圖。

可以根據過去累積的數據進行診斷。

當生活改變，產業也會隨之改變。舉例來說，有些保險公司推出安裝應用程式，每天走一萬步，就可以降低保險費。也就是說，保險公司預期到，既然大家做了這麼多運動，身體可能就會變得更健康，當這兩者的關聯獲得證實，降低保險費自然是合理的，因爲大家都是安全的人。而集結這些測量值，也有助於設計金融商品。

但若再想深一點，會不會也可能會發生這種狀況：根據基因檢測顯示，帶有 BRCA 基因突變的人，罹患子宮癌與乳癌的機率會大幅提高，因此投保就變得很困難，畢竟這對保險公司而言，是不合乎成本效益的，雖然也存在著道德上的爭議，但在經濟面上，對公司來說確實是個損失。不過，沒有 BRCA 基因突變的人會如何呢？因爲罹病風險低，沒有投保的理由便不會去投保。保險是基於未來的不確定性，由多數人互助共濟而形成，如果能夠得知每個人的未來，不確定性就會消失，保險也無法成立。

接著就會出現一個問題，如果持續至今的金融體系出現裂痕，我們的安全該如何得到保障。到目前爲止，保險制度彌補了社會安全網的不足之處，萬一打破了這個常規，由誰來、以及如何保障各自的生存，也將成為新的問題。

類似的測量也開始連接到網路上，像是前面提到的露露檸檬收購健身魔鏡，並規劃測量與管理每個人居家運動動作的服務。打造網路化的健康管理系統，能不再受空間與時間限制的新商業模式就此展開。這對既有產業而言也許是一場災難，比方社區的健身房可能會倒閉。透過網路，我們可以運動，也可以認識歐洲人。但反過來說，整個既有產業現況也會變差。如果全球性的合作與交流，已延伸到社區商圈內，我們就要思考如何確保自身的安適與職業穩定性。

現在很難再欺騙任何人

雖然韓國在新冠疫情中歷經大大小小的坎坷，但我覺得慶幸的是，韓國並沒有像其他國家一樣，全體國民的生活在一瞬間停擺。爲了防止疫情再度升溫，一直都持續關注並保持警戒，政府每日分享趨勢，非專家的國民也不會輕忽趨勢分析。我們不只看確診人數等單一資訊，而是根據篩檢人數、確診率、有效再生數等數據，進行整體性的討論，甚至除了觀察國內數據外，還會與其他國家比較，討論韓國的防疫工作是否有做好。

由此可以看出人們已愈來愈擅長觀測，能夠推斷數據間的重要關聯與整體性。此外各種數據出現，不僅有顯示結果的數據，還有顯示過程的數據，讓每個人都能夠輕易回顧其中的線索。如果在過去，會使用韓國的GDP多少、日本的GDP多少的方式來呈現最終數據，現在則顯示出構成整體的詳細數據。由於各階段的數據被留下，人們對於每個階段的變化也更加敏銳，也會追究數據間的相互作用，乃至相關資訊的整體性，透過自主驗證數據是否毫無瑕疵，這樣的新機制正廣泛運用中。

投資股票的人會仔細分析，自己打算投資的企業的銷售額與營業利潤，彷彿是那間公司的管理階層般仔細觀察，因爲光憑「去年賺了多少錢？」這種單純的結果來判斷，是無法保護自己珍貴的本金的。比方碰到某間公司去年的業績不錯，結果那個業績卻是因爲年末銷庫存，強迫下游瘋狂購買的結果呢？在十一月發現庫存過剩，並在十二月將大量庫存都推給代理商，便會出現「看起來」銷售額大幅上升的錯覺，其實只是將商品從倉庫移轉到代理商而已。而且假如庫存持續累積，隔年的銷售狀況就會更差，這樣的銷售方式就可能演變成問題。然而如今我們獲得的數據，不是只有以年爲單位的銷售額，而是出現了以月、週、日爲單位的銷售額，如此一來，這類錯誤或可疑的銷售數字將難以獲得信任。

當我們擁有各個過程的數據，透過人工智慧就能夠輕鬆追蹤整體數據的完整性（integrity），因此現在很難再欺騙任何人，無論結果如何欺瞞，都難以蒙蔽整個過程，這幾乎可以說是不可能的事。連接各個過程的數據，將開始改變我們的生活，往更透明的方向邁進。

延續相同的脈絡，我們的日常也將逐一公開。社群媒體在本質上是展現自己的某些層面，我們可以自主選擇呈現哪些部分，然而若整體數據公開，便能夠逐一驗證。現在已經無法隱藏了。

尤其是經過新冠疫情後，我們都有切身的體會，那就是公開確診者足跡。二〇一五年中東呼吸症候群冠狀病毒感染症盛行的時候，因爲某間大型醫院出現了超級傳播者，導致大家吃盡了苦頭，當時因爲沒有公開確診者的傳播路徑，造成許多後續問題。所以這次爲了特別注意確診者曾到訪過的地方，公布了嚴重感染者的活動足跡。

我們可以即時掌握活動足跡，因而無法說謊。不記得去過哪些地方了嗎？只要確認信用卡消費明細，也能取得手機基地臺的資料。如果說不出和誰在一起，只要開啟該區域的監視器畫面即可，因爲韓國到處都設有各種監視器，不僅可以看出和誰在一起，連是否有戴口罩都能清楚顯示。過程中要是出現任何謊言或隱瞞，立刻會被報導出來，受到人們的指責。

當我們看到報導，取笑被報導的對象時，不免會想到「那我呢？」，身爲社會的一員，我們當然也有可能會曝光，因此必須小心謹愼生活，進而出現謹言愼行的社會風氣。各階段的數據公開透明、檢舉費用降低，隨時容易曝光，導致每個人做任何事情，都小心翼翼且遵守規範。自己愈是小心，對他人違背的行爲就愈無慈悲，隨著自我審查與審查他人相互牽制，不遵守規範的人愈難受到社會的包容。這裡指的就是，那些「堅持不戴口罩」的人。

當強迫無時無刻自我管理的氛圍成形後，人們對順從控制的傾向也隨之提升，這樣一來就有進入監控社會的危險。前陣子無論到哪都要掃描二維條碼時，也出現了類似的批評。細膩度未達成協議標準，或未經充分討論就訂定的規範，很容易變成盲目跟隨，這就是透明度的風險。這也是在韓國許多人使用的追蹤確診者足跡應用程式，在義大利使用卻失敗的原因，因爲安裝應用程式的人僅有十六點二百分比，無法有效追蹤；法國的使用率大約只有三點三百分比左右，問他們原因時，得到了「侵害與監視個人自由是正確的嗎？」的回答。在些人眼中，韓國可能是一個強迫遵守規範，並有著巨大壓力的社會。

透明化社會，你有多適應？

如果透過數據可以驗證所有的過程到結果，我們的「工作」也會隨之改變。

我在某次演講中提到居家辦公時，從事人工智慧產業的研究者舉手說道，新冠疫情之前，他如果到矽谷出差的話，一週只能和兩家企業碰面便結束，然而現在無法出差，一天卻可以和五家企業開會。他想知道的是，爲什麼這麼好的方法，以前卻沒有這麼做呢？

是啊，爲什麼過去不實施居家辦公呢？雖然有許多原因，但我認爲其中一個原因，是允許搭便車的文化。

明明可以各自工作，再匯集大家的結果，但組織裡必然會出現不工作的人，他們常常在背後像家教似的指導或監視職員。從職員的立場來說，沒做事的人還要監視別人，肯定非常討厭。

提到這段，那位研究者也講述了自己過去的職場經歷。當他上傳Excel檔案的資料後，部長會使用計算機驗算，原因是擔心 Excel可能會出錯。聽說那位部長當時的年薪可是超過一億韓圜，這在底下代理們的眼裡，看起來會有多荒唐。那位部長的工作標準，只停留在自己剛入職時，絲毫沒有更新。

由於新冠疫情而實施居家辦公後，世界各地出現了各式各樣的情況。即使管理者想方設法管理、監視不在身邊的職員，很適應新工作型態的職員，仍想盡辦法以自己的方式，掌握個人時間的主控權。方式之一就是提高其他收入，可以看到類似自由工作者般，進行兼職或短期專案等情況。

我還看到國外一篇有趣的報導，有些上班族同時從事兩家公司的工作，因此提高了年薪，而且還不是兼職，是全職。一般人通常會在離職與轉職中間留出一些空檔，出乎意料的是，有人暫時兼做兩家公司的工作，不過由於遠距工作的緣故，執行起來並沒有想像中困難，所以他們推翻了原本想辭職的決定，同時在兩家公司工作。雖然不知道是否眞正可行，但有成功的先例在前，有能力的人自然會感興趣。據說人們還會聚在網路上分享自己的經驗，像是如何處理稅務或會計等資訊，只要不犯下將這邊的事告訴另外一邊的失誤，就可以避免管理者的懷疑。

聽到這個故事，不知道有沒有人會心生「我也嘗試看看嗎？」的想法。然而，即使未來繼續居家辦公，也未必就能掌握時間的主控權，原因正是元宇宙。最近的大學慶典在元宇宙中舉辦，課程也在元宇宙上進行，隨著元宇宙辦公室中嘗試執行的工作愈來愈多，人們提出將元宇宙作爲未來工作型態的對策，但也日漸證實了，在這樣的方式下，管理與監督可能比想像中更嚴密。

我認識的某位教授在進行論文指導時，是依序向研究生們進行回饋，所以請我早上九點入座元宇宙研究室，學生們對此的反應十分有趣，平常在教室即使稍微遲到、或進行回饋的時候，都可以隨意找位置坐。但在元宇宙空間，會看到我和教授的頭像，因此都會準時前來，並端坐在椅子上。也就是在虛擬空間和眞實空間，產生了認知上的混淆。

不僅如此，在元宇宙的空間裡，能清楚知道每個人分別在做什麼，因此在辦公室上班時短暫偷閒的餘裕，反而很有可能會消失。而這似乎也是透明度爲工作帶來的變化，也許企業會因此帶頭引進元宇宙。

還有個類似的例子，某位美國人將公司的工作外包，結果遭到揭發。那是一份高額年薪的工作，他在居家辦公時，將工作原封不動地交給位在印度的某個人，導致的結果是該員工沒在工作卻從中賺錢，聽說公司一開始也不知道這件事，直到後來出現從印度登入的紀錄，本以為是資安漏洞，才在檢查過程中發現了實情。後來這家公司如何處理呢？他們這才知道「原來外包到印度是個可行的做法啊！」，甚至還覺得成效不錯呢。

類似的事情到處都在發生。

星期一朴代理光速將金職員上傳的企劃書交給李科長，李科長忘記處理，三天後才交給金部長，金部長立即上呈給常務，結果常務稱讚道：「果然第三組是最棒的！」。但事實上不是第三組，而是金職員一個人製作的，沒有任何人修改，甚至李科長還耽擱了三天，他們既是所謂搭便車的人，也是製造延宕的罪魁禍首，這是眞實發生的事。至於我是如何知道這件事的呢？因爲那間公司的內部網路，保留了完整的過程，如此一來公司會如何決策？我想公司將會移除中間的所有職位。

我遵守了規範，

你遵守了嗎？

我在過程中使盡全力，

你盡力了嗎？

나는 규칙을 지켰다.

당신은 지켰는가?

나는 과정의 충실함을 다했다.

당신은 다했는가?

隨著我們開始留下各階段的數據，便能夠評估工作過程的充實度。以透明度爲基礎，將重新定義職場中誠實的價值。這樣，搭便車的人將不再存在，工作階層也會減少。那麼，這些搭便車的人將何去何從呢？此外，我們也需要考慮最初擬定企劃的金職員，他的薪酬制度會如何調整？爲什麼最近許多組織內部，都強調流程而非公平呢？

如果說到目前爲止，我們的「共業」是匯聚每個人的貢獻，是不可分割的共同合作，那麼隨著各階段的拆分，可能會發生以下的事情：未來將加速各階段的流程化，也會經由系統執行評價與獎勵，最後有很高的可能性會走向規則化。但這不是令人感到無可奈何的規則，而是以數據爲基礎的決策，所以對於評價與獎勵的爭辯、任何人的強迫或奉承都不會奏效。例如，稱呼公司前輩爲「大哥」，並在聚餐喝燒酒時說「我來照顧你，只要相信並跟隨我就好」「請帶領我吧」等職場文化消失殆盡；職級統一且互稱對方爲「專家」；每個人以同事關係互動，進行個人評價且無法得知彼此的薪水；快速轉換爲績效獎金，以上全都是這種變化的徵兆。

如果以規則爲基礎，人類的工作將會逐漸著重在創意上，公司也因此就漸漸不必制定規則，因爲有創意的人會反抗規則，而培養被動的人相當容易，只要禁止他做任何事情就能夠辦到；相反的，如果想培養創意人，必須果斷捨棄規則。倘若沒有規則，取而代之的就是那些具備良心和創意，可以自行將規則內化的人。最終應該只會剩下，能夠自我管理的自律型人才吧？

大家認爲千禧世代很重視規則，但他們關心的是能否信守承諾，而非束縛創意的限制。入職時，他們有自己的標準，如「工作內容」、「薪資」和「支付方式」，這些準則有助於他們擬定工作態度。與其說因爲是公司的工作，所以只做到一定的程度，不如說如果公司的薪資或津貼方案十分僵化，他們就會採取相應的對策。有些公司的勞動強度高，員工仍樂意貢獻，正是因爲他們喜歡那份工作，便不會用規則自我限制。

問題在於，大多數人並不願意接受變化。在這個瞬息萬變的世界，每個人都需要不斷適應新情況。然而，爲什麼有些人卻很難適應呢？原因有幾個。

首先，他們相信既有規則是永遠不會改變的，因此即使世界發生變化，他們仍然閉上眼睛，聽不進新聞，繼續按照過去的方式生活。

第二，他們沒有在追求自身的競爭力和時代潮流上下足功夫。現在，就算是從事純粹藝術工作的人，也需要學習使用 Photoshop 等軟體，因爲這些對於展示個人作品是必要的工具。以前或許不需要，但現在數位工具已成爲基本，所以必須學習，掌握工具的技巧是與時俱進的基本要素。

第三，他們希望現有的制度能夠維持下去，儘管已經過時。這已經不是單純或是無能，而是邪惡。事實上，我曾在企業演講中提到社會透明度的訴求，那些快退休的人總是會說「不會那麼容易改變」。即使我費盡心力講解與時俱進和適應的重要性，但之後在吃飯聊天的時候，他們還是只能聊三號鐵桿的話題，因爲除了高爾夫球之外，他們對其他事情沒有興趣。

由於上述原因，仍有些人無視於制度的變化，繼續堅守舊有規則。然而問題在於，即使他們如此，下一代卻無法效法，因此新一代的人才會提出改變的需求。在公司和社會中，不斷發生大大小小的新舊衝突，這不僅僅是世代之間的衝突，更是各自立場不同的衝突。

二〇二〇年初，戴口罩成爲熱議話題，引發了大小不一的衝突，彷佛是戴口罩與不戴口罩的人之間的一場心理戰。不戴口罩的人中，老一輩人占了相對多數，要求他們在地鐵上戴好口罩時，他們反倒會問「爲什麼要這樣做？」。然而規定就是規定，我認爲身處現實中，察言觀色並適當配合是能做到的。

他們的錯誤在於輕視遵守規則所帶來的社會壓力。他們是曾在晚自習時間將書桌藏到廁所，翻牆到校外，盡情享受逃離日常及刺激感的一代，所以很難理解這個世代，現在十多歲的青少年一旦離開補習班，就會自動被系統測出，然後向父母發送簡訊通知，因爲缺勤是由系統管理，無法像沒有數位的時代一樣輕易矇混過去。

隨著我們開始留下各階段的數據，
便能夠評估工作過程的充實度。
以透明度爲基礎，
將重新定義職場中誠實的價值。
這樣，搭便車的人將不再存在，
工作的階段也會減少。
那麼，這些搭便車的人
將會去哪裡呢？

단계별로 증거가 남기 시작하면,
과정의 충실함을 평가할 수 있습니다.
그 투명성을 기반으로
성실함의 가치가 재정의될 것입니다.
무임승차자가 사라지고 일의 단계가 줄어들겠죠.
그러면 중간의 무임승차자는 어디로 갈까요?

從小就遵守規則內化的年輕一代，對於老一輩魯莽、無禮的習慣覺得敏感，這種敏感度的不同正在導致一種差距，使遵守規則和不遵守規則的人之間的分野日益擴大，直到可能成爲未來重大社會衝突的一個嚴重問題。

過去的某一段時間，互相送禮金是理所當然的事情，老一輩在這樣的社會中成長，因此難以判斷那些看似合理的「說是好的，就是好的」慣例，其實是因爲個人的不道德行爲。但現在是一個截然不同的世界，我們不能再以「當時是那樣」的方式來合理化這種行爲。世界的背景發生了變化，如果無法跟上當前的改變，就會受到冷漠的注視。那麼，我們還能做什麼呢？唯一能做的就是適應不斷變化的世界，這也是透明化社會的一個重要議題。

再一次射月

即使在新冠疫情爆發之前，我們也一直面臨著巨大的危機，這足以成爲人類歷史的轉折點。全球暖化引起的森林大火、疾病的猖獗、歉收、高溫和熱島效應等問題，這些跡象都讓我們看見生活所面臨的風險。

令人驚訝的是，這些跡象都可以從過去科學家的預言中得到解釋。當然，新冠病毒爆發和引發的各種症狀和變化，這種類似於電影《全境擴散》的發展，也驚人地顯示出人類的聰明才智，表明我們比想像中更有能力應對這些挑戰。

拍攝電影之前，通常會進行畫面模擬，將科學家描述的現象以完整的形式呈現在現實中。這不就代表著小說、論文、電影中出現的內容也有可能成爲現實嗎？這引出一個值得反思的問題：即使我們已經透過各種管道看到未來的來臨，爲什麼還是沒有好好應對這些危機呢？

最近，我們從各種議題中了解到地球環境問題、人類歷史上的理念，以及在協商過程中社會成員間的不足，並且針對這些問題將要採取哪些行動。由於全人類都共享相同的經驗，因此我們能夠更快地達成共識，這在不幸中算是一大幸事。

仔細回想，現在仍有很多直接沿用過去的東西。例如，現今的教室仍然使用十九世紀發明的黑板。在工業革命時期，黑板是人類最有效的教育工具之一。在此之前，沒有可以一邊書寫、幾個人可以一起看、還能重複使用的工具，因此集體教育非常困難。一八〇一年，黑板這個新工具的出現，推動了教育方法的進一步發展。然而，隨著我們進入第四次工業革命，仍然在使用黑板，這便是個陷阱。現今，在電視新聞轉播的線上課程中，老師仍然在黑板上寫板書，學生們靜靜地看著老師背影出現在螢幕上。該新聞報導的結論是「線上課程沒問題」，但是直接沿用線下的方式在線上眞的沒問題嗎？明明在線上不需要使用黑板，爲什麼老師不改用簡報呢？

在媒介改變的情況下，內容和教學方式也必須重新思考和定義。僅是把過去的方式移植到線上，並不能視爲「適應」。當環境變化時，就必須創新，需要重新思考和運用相應的系統、文化和技術，而不是簡單地使用現有的方法，我們需要思考如何重新進行整體的規劃。

現今社會經歷了十多年來的分化、長壽及零接觸式擴散等變革，我們工作的方式正在從根本上改變。因此，需要重新定義我們所了解的職務、勤奮工作、職場與職業等，這是相當重要的議題，必須思考如何工作、扮演什麼角色、人生方向是什麼，並爲此而努力，接受新文化。

過去我們被教導，第一天上班應該很早就到公司，並且親切地向前輩打招呼，要與人爲善。但現在，辦公室已不再是必須前往的地方。當辦公室都轉移到雲端，我們就要尋找新的方法來應對這個變化。現在，留下好的紀錄、即時回覆以及遵守合作規則可能更加重要。

更進一步來說，我們是否可以藉由這個機會從底層開始改變呢？換句話說，卽是射月思維（moonshot thinking）。

一九六一年，美國前總統約翰．甘迺迪在一場國會演講中宣布「希望在一九六〇年代結束前登上月球」，爲了實現這句話，美國花費了天文數字般的費用，遭到許多批評，但也因爲如此，美國得以成爲科學技術領域的超級大國。

當時，甘迺迪總統說：「會設立這個目標不是因爲容易實現，而是因爲困難重重。」我們是不是也能像這樣徹底改變整個過程，消除所有不必要的東西或接受新的東西，而不是逐步改善呢？

舉例來說，雖然機器人學、人工智慧等技術正逐漸改變人們的生活，但我們可以考慮是否要全面改變這些領域，而不是只進行部分自動化。

如果能夠形成全新的局面，不僅可以降低成本，還能讓人們受益的程度達到十倍或百倍以上。試想一下，透過這次機會來追求創新的變化如何呢？

人工智慧經歷了數次傳奇故事般的「寒冬」後，現在隨著人工神經網路的積極發展，實現了深度學習，大數據的出現也讓機器可以透過數據自行學習。這是人工智慧在近十年間取得的飛躍性發展。幾年前，機器在進行圖靈測試時，成功猜測出其互動對象是人類還是機器，而人類卻沒有察覺到自己互動對象是機器。這是研究者們付出的巨大心力所取得的成果，因此我們對人工智慧的期待也逐漸增加。

現在，人們對奇異點（singularity）所抱持的期望，包括是否可能產生比人類大腦更強大的智能，以及在我們有生之年是否能實現等等，正逐漸出現振奮人心的結果。這場重新挑戰人類思想基石的射月運動，無論你是充滿希望，還是感到恐懼，都已經進入籌備期。

盡可能透明

在科技不斷發展的時代，我們應該如何擁抱「射月思維」，並從新冠疫情的教訓中汲取寶貴經驗呢？

正是不要只關注過去。

到目前爲止，我們習慣透過歷史的鏡子來學習，念舊而不忘歷史。舉例來說，柳成龍先生所著的《懲毖錄》是在經歷了國家險些遭到日本奪走的巨大危機後，卽使獲勝，卻仍要記下當時的錯誤、該如何應對的建議，以此警惕後代保持謹愼。既是回顧過去，也爲預防未來的危機。

然而，現在我們也需要一種更前瞻的思維方式，卽關注當下。在上次中東呼吸症候群冠狀病毒爆發後，我們從中吸取了許多經驗，詳細公開了新冠疫情確診者的活動軌跡。儘管侵犯隱私的議題引起了廣泛討論，但正是由於公開活動足跡的共識，卽使大型醫院中出現了確診者，傳播的範圍也得到了明顯的抑制，正是得益於卽時數據（now data）的使用。

「今天有幾位確診者？」「我們社區裡有嗎？那些人去過哪裡？」

「江陵沒有確診者嗎？要去那玩嗎？」可以清楚得知數千數百名確診者的活動足跡。我們正在動員不同的系統，追蹤、管理及驗證每個活動足跡，時刻觀察、記錄、追蹤當前數據，並依此決策的前瞻性方式已進入我們的生活。

過去因爲無法立即看見當下，所以需要回顧歷史。然而，現在的情況不同了，與其固守以前的做法，我們應該採用新的方式和數據，來創造更多的智慧服務。如果我們不僅關注過去，還關注當下，就能夠從現在看見未來，並且更有智慧的生活。

在未來導向的模式下，要提升企業的生存率和競爭力，就必須具備收集、管理和分析數據的能力。這些能力不僅包括了解患者病況、股票行情等相關訊息，更重要的是理解數據分析結果，也就是數據素養（data literacy）。

請練習將「有什麼根據」作爲決策的出發點，以數據爲基礎進行決策。建立透明的訊息管理、觀察數據系統，打造智能化，讓我們每個人都可以成爲名爲大腦的超級電腦，透過匯集每個個體，建立集體智慧。

這樣可以達成什麼呢？可以讓對生活的共識更加科學化，進行根據數據而非意見的科學決策，從而讓社會往更好的方向邁進。

維持生活透明度尤爲重要，這個時代所有事情都記錄在即時數據中，決策過程、根據、直至生活方式都必須公開透明。透明度的最大問題，在於每個階段的充實程度，以前只要結果好就是好，現在卻必須關注每個階段的品質，因爲過程變得非常重要。在過去，過程的重要性歸類在「如何提高效率」的範疇，現在卻變成「程序正當性」的議題。

那麼我們該怎麼做呢？必須認眞且正直地生活，很抱歉，突然變得像道德課本一樣，但沒有其他的方法。以前可以只看結果草草帶過，現在卻能看到每個階段，所以必須正直生活。當每個階段都能被驗證，若不能認眞做好每件事情，事情只會更加艱難。

老一輩的人及企業尤其需要注意透明度的重要性。即使進入了透明度的時代，仍有許多企業和個人仍停留在過去的思維模式。這種狀況就像那些，總是想出其他理由來掩蓋腐敗的公家機關職員一樣，他們可能會說自己的前輩更加過分，但這樣的藉口還站得住腳嗎？在透明度的時代中，這種藉口已經行不通了，因爲他們的後輩們會進行內部舉報。因此，不能輕視這個變化。

韓國企業最近開始關注的ESG也包含透明度的議題，同時代表了這是企業經營的重要標準。在先進國家中，ESG早已是數十年前就關注的議題，直到現在才進入韓國。也就是說，環境保護（environmental）、社會責任（social）及公司治理（governance，即透明度）是必然的趨勢，是我們也將順應的思潮行動。

目前仍有許多企業還不重視這個議題，當年輕一代提倡重視環境，老一輩的人則回應「我們也知道環保很重要」，這句話中充滿著「明明我們都知道，這一代爲何要特別看重」的不快。當然過去的教育也學過環保的概念，也曾聽過不能亂丟垃圾、還有訂定罰則，只是學完後依然習慣亂丟垃圾，就算有檢舉制度也是草率處理，人們沒有確實履行，因此對此議題也沒有感應。規則與現實之間存在極大的差距，在舊習與規則之間，舊習擁有更強大的力量。

現在的社會，隨意亂丟垃圾會受到路人指責，人們對於環境保護的重視意識抬頭，也相對提高了遵守規則的程度。透過公共監督的力量，違規行爲的行政制裁力量也更大。假設未來行政制裁被人工智慧取代，那些「第一次犯錯，拜託通融一下」的套路也將不再奏效。

即使知道，也無法體會提高的社會敏感度，那就不算是知道，也不算是在適應變化。光憑「我們也來製作環保保溫瓶吧？」這種心態是不夠的，且不說這決定也做得太晚了（現在才做？），還只是做個樣子而已。重視環保不是宣傳手段，而是應當遵守的規則。在策略上，企業的行動也都需要依照新的標準重新定義。最重要的是，將這些社會意識理解為借用、或宣傳的概念是錯誤的想法，我們必須認清，這是應該從改變結構、驗證整體行動，從策略到過程的角度來看待的事，如果只是被動的做個樣子，是很難被社會接受的。

有句中國的成語「送故迎新」，指的是送走舊官並迎接新官，理解為送舊迎新的意思。然而仔細研究其脈絡，原來還具有更深一層的含義，因為「必須送走」以前的人，新的人才會出現。不摒棄沒用處的東西，新的東西就無處落腳。

當生活因新冠疫情而止步時，我們也獲得停下來思考的機會。藉由這個機會，思考做什麼與不做什麼，並做出更好的選擇。既然跌倒了，就趁勢整頓一番。

在爲了適應變化而努力與時俱進的過程中，請別忘記以數據爲基礎的思考、理性思維與過程的充實度。我認爲，當我們記住自己所取得的「小成功」後，爲了變得更加明智，可以作爲先驅者而非追隨者，進行更果斷的嘗試。

Prospective Study.

如果我們不僅關注過去，

還關注當下，

就能夠從現在看見未來，

並且更有智慧的生活。

Prospective Study.

과거에서만 배우는 게 아니라 오늘도 본다면,

지금으로부터 미래를 볼 수 있으므로

우리는 좀 더 현명해질 수 있습니다.

4

RESOCIALIZATION
成長

夢想在生活中的

主控權

最近企業似乎很關心員工和社會的幸福，我經常接到類似主題的演講委託，從數據中挖掘人心是我的工作，不過眞的能使用數據來衡量人們的幸福嗎？

在學術上，幸福有許多不同的定義，其中之一是「主觀幸福感（subjective well-being）」，概念是只透過個人自我評價或感受來界定幸福，而不是由外界的觀察或定義來界定，因爲幸福並沒有正確答案，我完全認同這點。不過，我想透過數據理解客觀的主觀性，在前作《停止想像》中，我將這種客觀的主觀性稱爲常識，但常識不是永恆不變的，這對我們來說相當重要。

舉個明顯的例子，現在「YOLO」一詞已不再像以前一樣受到關注，相反的「小確幸」一詞仍持續上升中，從這兩個相似詞彙的變化，可以看出年輕一代重視日常的幸福，而不是喜歡單純看起來帥氣、或追求燃燒生命的關鍵字，這也能從二十多歲的年輕人，努力存一億韓圜的現況中得知。

幸福是人類的根本欲望，然而幸福的屬性也會逐漸變化，雖然過好日子依然很重要，但所謂「過好日子」是什麼樣貌，似乎與傳統價值觀已經不同，經由數據分析後，也發現確實是如此，人們追求幸福的方式改變，常常能夠看到一個領悟，那就是通常認爲能夠帶來幸福的事物，實際上卻無法讓人變得更加幸福，還有許多情況是這樣的，即使是大衆普遍認爲可以帶來幸福的條件，也因難以實現反倒產生不同的負面影響。從各個層面來看，我認爲現在是重新定義幸福的時候了，因此，讓我們探討一下這個時代的幸福。

安頓內心勝過成就

首先，人們對於感受幸福的態度不再是先苦後甘。不同於以前的韓國人，不再走上先辛苦付出後，才享受好日子的道路，也不再承諾爲了未來而此刻拚命努力。相反地，人們現在不再延遲享受幸福，即使只是想吃好吃的東西也不會拖延。人們對於爲什麼自己現在只能承受困難的想法，似乎已有所轉變，現在更傾向於滿足日常生活的幸福感。

因此，愈來愈多人在提到幸福時也會強調「一天」。短期的幸福感正逐漸取代長期的幸福感，現在的人們認爲只要開心，就算一天也是幸福。爲了追求這短暫的幸福感，網路上還流行「幸福按鈕」（#행복버튼）一詞來定義一些能即刻帶來幸福感的事物，比方看著偶像明星照片，就會瞬間產生幸福感這類的「幸福按鈕」。

相反地，什麼與幸福的關聯逐漸降低了呢？首先是「家庭」，現今「家庭」與「幸福」同時出現的情況正在減少。這表示，雖然家庭仍是幸福的重要主體或對象，但與過去相比，其關聯性已大幅降低。此外，家庭成員也有極大的可能不是人類。雖然在 Instagram 上搜尋「#家庭」會出現小孩的照片，但也常常看到動物小孩而非人類小孩的照片。

如果價值觀產生如此多樣的變化，每個人各自追求的生活目標，就很難成爲某種共同的動力。例如，對公司團隊的年輕人而言，一點都不羨慕那些年紀輕輕就升上大企業主管的人，就算成爲主管，也說不定哪時候會被公司解僱，與其爲了當上主管而付出心力，還不如理財。和年輕人對話的過程中，我意識到每個人對於成功的標準，與對幸福的標準都不一樣。當我們接受多元的標準，便很難輕易向對方提出一個目標，畢竟只有與公司目標一致，才能像從前一樣指派對方成爲主管，如今各自的目標不同，要想指派對方爲主管，很可能只會被反問「爲什麼？」。

但現在是回到現實的時候

然而問題是，即使感到幸福也得「回到現實」。雖然可以按下幸福按鈕去個演唱會，然而結束後馬上又回到現實，這並非玩笑，事實上在「回到現實」的關聯詞中眞的就有「演唱會」。就像歌曲《After the play is over》[6]一樣，演唱會結束後，邊享受著餘韻邊離場的瞬間，就會浮現隔天早上又要再度展開的日常，接著回到現實，短期的幸福不會一直延續，幸福感自然也無法永遠存在。

如果一直在短暫幸福與回到現實的體驗之間反覆，不免就會好奇，是不是有能夠避免回到現實的方法，我們似乎得思考，是否需要尋找其他可以帶來長久幸福感的價值。童話故事中，結局總是王子與公主永遠過著幸福快樂的生活，但究竟「永遠」會延續到什麼時候呢？是直到黑髮

6｜六人團體組合 Sharp 於一九八〇年第四屆 MBC 大學歌謠節中演唱的歌曲，講述演出結束後的孤寂。

變成白髮爲止嗎？

我們既不是王子也不是公主，說不定根本是七個小矮人，這麼一想就會回到現實。當我們費盡心力照顧的公主跟著王子離開後，七個小矮人會作何感想？就算不是公主與王子，也想要「happily ever after」吧？想要永遠幸福的話，應該怎麼做呢？

幸福是主觀的，我們難以衡量。那反過來，透過衡量不幸來推測幸福如何呢？雖然幸福的反義詞並非不幸，但至少不幸的話，就不可能感到幸福。我們來看看什麼是不幸。

有位臨床心理學教授曾說過，可以讓人心情瞬間變糟的提問是「你幸福嗎？」。看得出來韓國人並不幸福，缺乏歸屬感、自殺率第一、壓力龐大，最主要的是工時依然很長。這是個處處感受不到幸福的社會，也讓人不禁懷疑，是不是正因爲感到不幸，所以才要尋找幸福。

不幸的指標之一就是自殺率，令人驚訝的是，韓國社會的高自殺率，是由老人自殺率帶頭。高貧窮率是老人自殺的主因，也就是說，資產少的韓國老人可能感到不幸。此外仍有許多關於不幸的研究中，其中一個是年收入超過七萬美元的話，幸福感的幅度就沒有太大的差異。由此看來，雖然無法用錢買到幸福，但也許有了七萬美元，就有可能擺脫不幸。

可以讓人心情瞬間變糟的提問是

「你幸福嗎？」

사람을 한순간에 기분 나쁘게 하는 질문 :

“행복하세요?”

韓國社會目前所謂幸福的道路，似乎是朝著大企業、國營事業及公家機關等方向發展。有趣的是，不久前公務人員還是份不錯的職業，最近國營事業卻變成了首選。原因是報酬比公務人員高，穩定性又比私人公司好，這大概就像從炸醬麵和海鮮麵之間，誕生的一半海鮮麵加上一半炸醬麵一樣，我想並不是因爲喜歡A，而是因爲討厭B，只好將這兩個結合在一起，形成了變種的型態。

然而，無論是國營事業或是大企業都很難進入，隨著因機會稀少的競爭率提升，人們想追求的欲望也逐漸擴大，甚至形成了某種崇拜，將大企業視爲偶像般的存在，若說求職準備和追星一樣也不爲過，像許多大企業美談的新聞報導，底下的留言總是充滿過度稱讚和「請錄用我」的話。

被大企業錄取的人，他們的自豪感也因此像是受到社會認可一般。然而本以爲只要被錄取就會得到幸福，殊不知只是進入下一階段的不幸，尤其是入職的第一年、第三年，便遭到現實的強烈打擊，工作、加班都多到不像話，和家人或親密的人關係也變糟。就算能逐漸磨合改善，仍然是令人討厭的日常。

另外，還有一個奇特的現象是，從三、四十歲開始就開始煩惱退休。這明明是快要退休時才需要考慮的事情，卻出現在完全不相干且需要累積職涯經驗的時期。這反映出行業的競爭力和職業穩定性岌岌可危，正如前面多次提到的，所有職業都在自動化，產業和社會組成要素的變化，比生活變化的速度還要更快。

我們可能以爲經過某些儀式後就會變得幸福，但這只是一種天眞的希望。當我們深刻領悟到，沒有可以永遠解決人生複雜問題的方法後，我們開始尋找位於彩虹彼岸的幸福，才意識到這是個永遠無法實現的夢想。因此，我們似乎需要改變生活的方向，更充實現在的生活。

搶奪功勞的人最差勁

隨著職業穩定性和保障體系的動搖，人們對職場的觀念也正在改變。

儘管「會社人間[7]」一詞並非最近才出現，從二〇一〇年的數據來看，尋找工作是開啟成功之門和實現目標的方法，意味著透過工作來建立自我形象。然而現在，人們似乎更注重尋找安穩的工作，以避免在經濟和社會生活陷入困境，因此選擇的角色是乘客而非司機，傾向以更安全的方式前進。

這個變化的發生是有原因的。如大家所知，找工作是打造個人資歷的第一步，而現在這變得相當困難，因此在就業準備上必須投入極大的努力。十多年前，在開始使用「Spec[8]」這個並不適合用於人的詞彙之前，只要準備在校成績或多益分數作爲求職條件即可。但現在，需要集滿九種不同的技能標準（Spec），例如長期參與志願服務、熟練掌握第二外語等。這樣的要求，對想進入公司並脫穎而出的人來說，產生了一種補償心理。與其說是「成果的補償」，不如說是在競爭過程中歷經激烈

7｜「會社人間」一詞源自日本，指的是以公司爲家的人，生活中只有公司與工作。

8｜Spec 爲 Specification 縮寫，意指規格，多用於技術文件。在韓國延伸其意義，將人的條件也列成規格，近年則發展到九種「Spec 綜合套件」，包含學歷、在校成績、多益分數、語言研修、證書執照、競賽獲獎、實習經驗、志願服務及美容手術。

的「競爭的補償」。因爲無法保證未來是否能得到補償，也有可能答應要給予補償的主管已不在職。因此，如何接受這樣的新需求並給予適當的補償，已成爲組織中重要的議題。

另一方面，對補償變得敏感的趨勢，也可以看作是隨著人類壽命增加而出現的自然現象。在職場中度過的時間不到人生的三分之一，一旦開始思考自己的人生，以及在這段時間裡能夠得到什麼，對補償的要求就會激烈的提升。

現今社會正在形塑一種新的工作觀，當人們思考行業時，也開始以不同的方式來看待工作、職場和職涯。工作是在扮演社會角色與從事自己喜愛的行業之間的權衡；職場則強調人際關係與工作環境的重要性；而職涯則是個人目標與提升實力的日後規劃。過去，我們常將這三者視爲一體，然而現在已開始分化。

如此一來，職場內的關係也會發生變化。十年前，前輩具有某種位階意識，不僅會爲後輩樹立榜樣，期待他們熱情學習，展現出「尊重」的態度。現在的情況卻不同了，現在新人要求的職場關係是「希望沒有欺壓」、「希望受到尊重」。以前永遠是主管的人，現在不過是臨時同事，既然如此，當然不能忍受同事對自己無禮，甚至認爲這種關係也只是暫時的，沒必要表現什麼尊重的美德。

大家知道當面對的是同事而非主管的時候，最可怕的是什麼嗎？那就是對方不工作而引起的憤怒。這也是「無能」這個關鍵字，成爲最近關於主管的數據中出現最多次的原因。以前主管不工作，也不會有人說些什麼，本來是這樣就算了。但現在，主管和職員都注重能力，如果主管不是管理者，而被定義爲同事，那麼現在當然主管也得工作，新人也得工作。

這樣一來，走向了每個人都要工作的社會，因此也會出現公平的問題，成果將不再以集體評價，而是轉爲個人評價。現在公司裡最受排斥的人，就是那些只負責把湯匙放在煮好飯的餐桌上，搶奪功勞的人。

想成長卻被困在箱子裡

因此，對個人而言，成長逐漸成爲重要的議題。

有關成長一詞的提及量持續增加，由此可得知，人們對於成長的關注並未減弱。十年前一提到「成長」便會想到國家的成長，例如經濟成長或韓國的競爭力等。現在則轉向個人領域，像是「五月出生的女兒每天都在長大」等，有關「成長」的關聯詞中，過去常出現的「市場」或「經濟成長」等關鍵字都消失了，從這點來看，我們可以理解到現在已轉變爲個人型態的「成長」。

從集體的「成長」
到個人的「成長」

집단의 '성장'에서
개인의 '자람'으로

那麼，我們最近對成長的議題有哪些煩惱？根據工作年資的不同，可以分為五個層次。

首先，我們來談談年資超過十五年的員工。從他們上傳的文字中，仍能感受到「熱情即是人性」的信念，同時在思考「為什麼年輕人對工作缺乏熱情」。在這裡，最重要的是他們將缺乏熱情的人看作是「他者」，也就是我雖有熱情，但其他人卻沒有，並且對那些已經進入公司卻無法全心全意投入工作的人感到驚訝。

觀看數據的時候，讓我特別驚訝的是，他們將這種態度與「人性」連結在一起。明明只要提供符合協議薪資和福利的勞動，他們卻無視等價原則，要求對方提供最大限度的勞動。我曾在一次企業演講中提到這件事，結果有人分享了他的經驗，說為了鼓勵一起工作的年輕員工，他問道「雖然現在也很認真，但再做多一點怎麼樣？」，但員工卻回答他「要做多少？」。如果他明確說出多做多少的標準，員工就會執行，但沒有明確標準就跟職員說多做一點，員工就不會知道是要做到百分之一百五十還是兩百。雖然說職員的回應讓他感到不舒服，但我認為職員的回應是正確的，沒人有理由要求做超過標準的工作，此外，如果標準持續改變，就必須無止盡的努力，說不定哪天便會因此崩潰爆發問題。即使大多數的人都知道，「熱情是人性」這種模稜兩可的想法很危險，主管卻不知道，同時也因爲不理解，主管們才會產生許多煩惱吧。

若要用一句話來形容主管們的訝異，那就是「爲什麼他們不能將組織，與自己視爲一體呢？」，當然這並未包含自己，因爲他早已將自己與公司視爲一體，所以無法理解那些不能物我合一、對組織不抱有克己奉公心態的人。

第二個是年資十年以上。在我看來，這是最危險的年資。在公司生活了十年左右，終於到了要進入將組織與自己視爲一體的階段，他們正好處在一個十字路口。特別是那些透過公開招聘進入公司，同時以三年爲循環輪調部門，年資雖然會累積、薪資會上升，專業性卻不太明確的人。倘若專業性無法受到社會認可便很難轉職，他們只能投靠在組織下。通常是從第十年開始會逐漸出現這種狀態，個人的成長自然也會取決於組織的成長，同時擔憂某天要以自己的專業作爲武器在社會上競爭。

在這樣的情況下，年資達到次長等級的他，開始提到其他職員的上班情況，這很明顯地顯示出他轉向資方的立場。另外，更讓人感到悲哀的是，有些部門主管需要其他職員代替自己完成工作，部門才能正常運作。

接著來看「還能夠逃跑」，也就是大約年資七年的人。如果他們已經身爲科長或代理主管，就會開始思考一直待到現在是不是正確的選擇，過去的努力讓他建立起安定感、社交網路和工作能力，然而他也感到擔心和矛盾，因爲他們無法確定自己走的路是出於個人選擇，還是只是按照大人們在自己進入公司前，提出的方向度過而已。換言之，儘管目前並沒有遇到太大的困難，卻也搞不清楚這究竟是好，還是也不是不好，只是不知道好不好。

最讓人感到鬱悶的是，公司裡沒有榜樣。如果繼續像現在一樣過活，幾年後或許會升上次長那個職等，然而仰望次長卻不想成爲他，另一方面又覺得，這可能是人生中最後一次能轉換跑道的機會，因而內心感到複雜萬分。在社會上也反映出這種不安感，許多下班後聽的講座、培養

「副角色」或考取證照，都是來自對職涯的煩惱。

來到年資三年的人，他們小時候以爲自己長大後，會做相當厲害的工作，但眞的進入公司後，卻發現似乎不是那麼一回事，總感覺自己一直重複做著主管指派的、了無新意的工作。「我做這些事卻領到這麼多的薪水，這樣對嗎？」「以我這種能力去其他公司的話，能夠生存下來嗎？」本以爲做愈多工作，就可以提升愈多能力，結果卻只感覺自己被困在箱子裡。更可怕的是，浮現出「這種工作誰都能做」的恐懼感。儘管年資逐漸累積，卻不覺得累積了經驗值。

結果就是年資三年的倦怠期，他們認清現實後，帶著意識執行著沒什麼創造性的、重複性高的工作。然而經過了解後，才發現這些正是完成「Spec 九種套件」後才進入公司的人，爲什麼如此優秀的人，會變得如此迷惘呢？是不是公司並沒有完全接納他們的才能呢？

最後來看職場年資一年的這群人。最令他們驚訝的是，想像中的職場生活與現實完全不同。本來就不容易的適應課題，本來需要在這時經過教育訓練等指導，卻因碰上新冠疫情而變得愈加艱難，零接觸、難以近距離教學的線上模式，更讓他們浮現「各種不懂」的莫名情緒，形成整體而言一團混亂的現象。假如又加上開始對工作是否永久具有意義、是否具備競爭力等擔憂，情況就變得相當複雜。這一切又都指向，對生活根本性的懷疑。

目前常見的說法是，到了二〇三〇年，工作、薪酬制度與相應的待遇等，將對幸福產生極大的影響。然而深究人們內心所追求的，其實是想得到認可、希望在工作上獲得自信的基本欲望。因此，組織的制度與文化必須配合變化相應調整。作爲同事，應該尊重彼此的態度，並成爲互相支持、共同打造職涯的夥伴。

雖然所有個體都在追求成長，但對每個人而言都不是件易事，因此才總是談論著「我那時候」的陳年舊事。因爲變化速度實在太快，讓人不知所措。如果是企劃，就是企劃；如果是營運，就是營運。這種從一開始就負責的職務，一直持續到最後，已經成爲美好的往事。已經退休的人當中，有些人曾有過這樣的幸運，他們在出發的時候，一路順利地走到了設定的終點。然而，對大多數現代人而言，這種情況並不容易出現。

察覺到這點的人，會尋求一種可以終身受雇的工作，例如報考公務員，盡可能延後適應的時間點。但無論如何，想逃避去適應是不可能的。因爲就算如此，這類穩定的避風港並不多，而且這種狀態也需要革新，尤其是因爲我們的壽命較過去更長。

以前若是五十五歲退休，大約還剩下十年左右的壽命，在這個基礎上的工作時間，占滿大部分的人生。可是現在我們可以活到兩倍以上的歲數，倘若醫學科技持續進步，二〇一五年出生的人，預期壽命有可能達到一百四十歲。相反的，企業的平均壽命正在減少。在一九三五年，美國企業的平均壽命是九十年，現在已不到十五年。一份工作已無法塡滿人的一生，如何創造符合環境與現狀的新型態，是亟待重新思考的下一步。

觀看一九九頁的畫作，許多人可能會想到「林布蘭風格」。林布蘭以留下許多自畫像而聞名。但您有沒有注意到呢？在林布蘭的自畫像中，並沒有這幅作品。《下一個林布蘭》（The Next Rembrandt）是由微軟於二〇一六年，運用三百四十六件林布蘭作品進行運算後，利用 3D 列印製作的畫作。這幅機器繪製的畫作，展現了林布蘭的獨創性。

那麼下一個問題就是：「身爲人類的我，應該做什麼呢？」

《下一個林布蘭》（2016）

如果機器人眞的如我們所期望的那樣進化，未來人類還能做些什麼呢？當然，這不意味著產業都會消失，少數人仍將繼續堅守自己的工作，但其餘的人將被替代。現在，許多競爭已經不是產業之間的競爭，而是個人之間的競爭。面對這樣的時代，每個人應該做好什麼樣的準備呢？

正如丹尼爾．品克（Daniel Pink）所說，「人人都是銷售人（To sell is human）」，人類成爲商品的時代已經來臨。他在同名著作中提到，現代的勞動者都在銷售自己所具備的東西，無論是有形的或是無形的。那麼，我們是否應該要有什麼可以銷售呢？

當競爭趨勢如此變化，我們必須思考自己有哪些能力才能應對。對於那些準備含糊的人，可能會被拋入Spec的戰爭中，例如應聘時得具備的特定技能等。雖然Spec目前依然很有效，但未來仍能繼續作爲競爭力的條件嗎？

韓國就業訊息中心製作了一份各時代熱門職業的清單。一九五〇年代，拳擊選手是個熱門職業，雖然現在還是一份好工作，但如果變成熱門職業的第一名，會有多少人想從事呢？考慮到選手需要的特殊特質，可能大多數人都無法勝任。

人類成爲商品的時代已經來臨。

現代的勞動者都在銷售

自己所具備的東西，

無論是有形的或是無形的。

那麼，我們是否應該要

有什麼可以銷售呢？

當競爭趨勢如此變化，

我們必須思考自己有哪些能力才能應對。

바야흐로 사람이 상품이 되는 시대입니다.

현대의 노동자들은 유형이건 무형이건

자신이 가진 무언가를 팝니다.

그렇다면 나에게 팔 게 있어야 하지 않습니까?

경쟁의 추이가 바뀐다면

나는 어떤 능력을 얻어야 할지 고민이 필요합니다.

一九六〇年代，計程車司機是一份好工作，銀行員、車掌小姐也都在清單中。你有看過車掌小姐嗎？現在這個職業幾乎已經從韓國消失了。

一九七〇年代是建築工程師及演歌歌手。

一九八〇年代是金融界人士，還有隨著職業棒球的開始，棒球選手也變成熱門職業。

一九九〇年代的排名中，終於出現了職業玩家，另外還有外匯交易員。

二〇〇〇年代，國際會議專家與註冊會計師是衆所皆知的好工作。

看完這些後，有什麼想法呢？

就像花無百日紅這句話一樣，職業存續的時間並沒有想像中長久，而且還是起伏不定的。如果我們爲找工作所付出的努力，可能在十到二十年後付諸流水的話，或許應該認眞討論什麼應該交給機器、人類應該要做什麼樣的工作。雖然待業者們都進行著漫長的準備，然而只是持續奮力讀書，眞的是正確的嗎？

想到這裡，每當我在無人商店裡拿起冰淇淋的時候，就會感受到自己對工作的不安感。一切都在變化，自己是否能堅持下去也不知道，接著我會打開銀行的應用程式存入每週存款，一面擔心我們公司是否能跟得上變化。在這樣的情況下，愈來愈多人自願退休就成爲了話題。雖然房地產看似是最值得信賴的投資方式，然而即使進入大企業，也很難擁有自己的房子。國民年金的未來看起來黯淡無光，二〇二〇年人口減少的現象浮現，各種對未來的渺茫不安終究變成現實。

如果平凡的標準是板橋新婚夫婦

從追求幸福拉開序幕的故事，爲何漸漸與幸福的距離愈來愈遠？過去待業時，以爲只要找到工作一切就會變好，至少還能獲得安全感，後來才發現，事實並非如此。費盡心思累積了各項能力（Spec）才進入了大企業，然而當聽到朋友去遊戲公司工作，擁有市值幾億的認股權時，竟感到難過又生氣。畢竟當初會進大企業，只是因爲父母和朋友們都說好，並非自己所願，自己其實有更想追求的其他選擇。結果爲了尋找未知的可能性，又跟著開始了比特幣的投資。這樣的故事，從二〇一八年起就已經出現。如果工作年薪高，或許可以堅持下去，但大多數人的情況都不是這樣。因此，只能抱著冒險的心態投入，試圖抓住機會。

如果選擇工作是爲了讓父母開心，而不是考慮自己的幸福，那樣的幸福就只會停留在彩虹之外。以他人的欲望作爲自己的標準，我們眞的能幸福嗎？

事實上，我們對生活的覺悟會以各種形態的壓力逐漸浮現，例如看到朋友在 Instagram 上發布的幸福照片時，可能會感到不悅，還不自覺地與朋友較勁。社群動態上展現出生命中的亮點，其實是經過修圖美化的，卻被呈現成彷彿是自己日常的樣子。當意識到這些現象，我們也可能爲了變得那樣而投入，或者深陷自卑感之中，進入了惡性循環。

問題是，當我們和同齡人比較的同時，也會建立起在我們生命階段的「應有」標準，這種橫向比較會降低我們的自尊心。例如，因爲年薪比朋友低，所以覺得自己很卑微；與朋友和同事比較就算了，還跟他們的子女或其他對象比較，接著覺得自己現狀更是淒慘。比較的時候也只選擇最優秀的部分來比，比方孩子的學校和同事哲洙進行比較、年薪和朋友英熙比較，然後認爲自己在各方面都不優秀，無論比什麼都處在劣勢。

在這種情況下，似乎沒有人能擺脫比較的束縛，我想除非逃到山上過著離群索居的原始生活，否則還眞沒辦法。在公司裡，有職級和職位，同儕間也有會留下和留不下的人。若是能知道如何才能處在絕對優勢的位置就好了，然而最重要的問題是，現在已不存在正確的答案。

最能反映這種心理的形容是「平均」。二〇一六年，網路論壇經常使用的詞彙中有「平打」（平均打擊率），也就是一般的程度。人們非常在意別人的眼光，他們的目標是平均值，而不是比別人更好。因爲落後於他人會成爲問題，所以他們希望能夠達到平均值，既不要太顯眼，也不要差太多。

就這樣，我們開始問別人的意見。更換 Instagram 或 KakaoTalk 上的大頭貼時，就一直詢問別人好不好看、會不會很奇怪；朋友選禮物時會問我，宵夜吃的炸雞也問我。這一切都不是自己做的決定，要是一個人草率決定，可能會當冤大頭，也可能會選擇錯誤，因此最好能集結所有人的智慧。當我們想行動，會想先聚集衆人的意見，聚集全宇宙的能量。結果網路上就出現了各種「指南」，像是準備結婚Q&A、各種日常生活指南等，過去在論壇曾流傳的各種祕訣，現在都以各式「國規（國民規則）」的名義在YouTube上出現，像過去的生活資訊般，現在再微小的事，都存在著「國規」。

和我一起研究的同事製作出了「結婚指南」，其中包括從理想的新婚夫妻到結婚清單，有著各式各樣的國規。例如，理想的新婚夫妻樣板是「板橋新婚夫婦」，這是一個很有趣的表述方式。那麼，板橋新婚夫婦究竟是什麼樣子呢？他們成長於環境優越的家庭，接受了良好的教育，在大型資訊科技企業工作，具有經濟能力，能夠自主開展婚姻生活。當然，板橋新都市的公寓價格，對兩人的年收入來說仍然很高，所以他們可能需要得到富裕的父母在財力上的幫助，這已經成爲新時代的標準。換句話說，家庭環境、教育程度、職業和資產等因素，都在暗中成爲衡量標準，再加上嫁妝、婚禮籌備、攝影棚、禮服、化妝、相見禮、韓服、禮服租賃、蜜月旅行和彩禮等，各種事項的價格都被整理出「國規」。

我一看到這些就覺得自己無法負荷，這些條件是多麼驚人，除非有股票或虛擬貨幣，否則不可能光靠薪資就結得了婚，只能迅速放棄。至於生育問題則更嚴重，有個專門計算養育費用的網站，若想照理想的方式培養孩子，計算起來沒有個幾億韓圜根本不可能，除了果斷登出別無他法。

隨著結婚愈來愈困難，相親也愈加講求效率，畢竟尋找伴侶的成本是很高的。如果對方合得來是件好事，但萬一不是就要馬上抽身。比方相約下午三點見面，要是情況不妙，大概連晚餐也不會一起吃。倘若還不到非要斷然結束的程度，國規是三週內見三次面。這是實際出現在交友應用程式的內容，類似於「相親的時候開車去是否正確」、「費用如何分攤」等，是大家都想知道的「國規」。

有「國規」很方便，既不用注意他人的反應，也不用去判斷對方是否認同或反對，只要按照規定好的去做就可以了，就像消除失誤風險的保險般。因此，大數據也很受歡迎，因爲它符合「國規」。

這其中深植著「別人也是這樣」的想法，跟大家一起追求所謂的中間和平均值。比如說，「就業後每個月給父母零用錢是國規嗎？」、「在咖啡廳讀書幾個小時是國規？」、「在公寓使用吸塵器，從幾點到幾點是國規？」「交往一年後分手的話，過多久開始新戀情才符合國規？」等，要無窮無盡的找到「國規」。問完「國規」後，再將它們匯整在一起，從早上空腹喝杯水才健康，要做瑜伽五分鐘、冥想十五分鐘，然後也要記得讀一行書。像這樣變成例行公事，早上做什麼、中午做什麼、晚上做什麼，計劃逐漸增加的話，光是執行這些例行公事，一天就可以順利結束了。

之所以會出現各種國規，是因爲人們想借助他人，提升自己的聲譽、追求更省力的效率人生，想要平凡的過生活。但是這個標準太高了，如果說平凡的標準是板橋新婚夫婦，那我們打從一開始就得不到幸福了。這麼高不可攀的標準，更別說還要彙整在一起去實現？我們不可能強求在國語、英語和數學上都表現出色。

追求平均、中間地帶的「國規」本身就有問題。更可悲的是，中間的人會被淘汰，人工智慧正學習著要達到那個「中間」，而人類也還在追求中間。

眼下，許多變革正在取代那些處於中間位置的工作者。系統正逐漸擴大到個人領域，由於平台以低成本高效率的規模經濟運作，小型企業便面臨困難。如果旅遊應用程式變得流行，當地旅行社就會倒閉，如果房地產應用程式更便利，仲介業者就會遭受困境，其他各種社區商圈也是如此。這種方式正在連接並擴展到所有領域。

如果實現自動化，平台的內部員工也會減少。雖然平台提供的便利性，爲我們的生活帶來了好處，但隨著與人的接觸消失，人們也失去了力量。自動化服務的優點，削弱了中間人的必要性。

愈是如此發展，人類就愈被排除在外。人類還需要在生產中扮演重要角色嗎？二〇一六年，讓韓國社會震驚的 AlphaGo 尚且需要人類的數據，到了二〇二〇年推出的 Muzero，已經不需要人類，可以自己學會規則，學習和玩遊戲。現在，一個人類不必參與生產的時代已經到來。

在外國人眼中，韓國是個新奇的國家，其中一個例子就是街上的養樂多車，不僅是電動的，還有冷藏功能，令人驚訝。最近還有人說使用手機應用程式，可以搜尋到養樂多車的位置，雖然這受到某些人的質疑。一開始是由肩上的背包改進成手推車，現在已經發展成了電動車，有些人開玩笑地預測，這種車子要是再進化，可能會變成鋼彈一樣的機器人，由銷售員操作這些機器人。技術的進步，帶來了人類未來的希望。

1985
1995
2015
2021
???

雖然機器人可能是養樂多最終的進化形態，但這樣的發展似乎不是爲了造福人類。最近出現了不用銷售員的無人購物車，本以爲會由人類來操控，但結果人類卻被排除在外。

聽說有些養樂多銷售員，以前推著購物車非常辛苦，現在隨著電動車的普及，工作滿意度有所提升。然而，若這些電動車都進化成無人機器人，這些人的工作滿意度又該如何呢？這種現象多少令人迷惘。

如果人類無法爲生產做出貢獻，也許我們需要重新定義社會的規則和制度。職業是有各種定義的，其中之一是作爲有機社會成員擔任的角色，例如我烤麵包、他縫製衣服，然後我們互相幫忙。然而，這種角色正在消失。

如果僅僅將人類視爲「角色」，這樣的邏輯最終將導致「如何照顧沒有生產力的人類」成爲議題。在這種情況下，國家可能會將人類定義爲消費的主體，只是配給錢財供他們消費。如果自動化從重視生產力的角度介入，我們該如何處理人類被排除這一題？這是需要大家共同思考的問題。

爲什麼我們害怕被排除或取代，
卻還只追求中間值呢？

소외되거나 대체되는 것을 두려워하면서
왜 중간값을 추구합니까?

自我覺醒：想要擁有生活主控權

我們如何在自動化的浪潮中，避免被推出生產力之外？我想，應該要說明自己與其他人有什麼不同吧？我們不是電影《機械公敵》中長得一模一樣的機器，而是像動畫《藍色小精靈》裡，擁有不同面孔且各司其職的角色。我們不只是整體中的其中之一，我們應該賦予自己存在的意義。

身份認同是人類永遠關注的核心。然而新冠疫情限制了人們的外出活動，或許因獨處時間增加，人們開始更加思考身份認同的議題。過去身份認同或自信心常源自於「關係」，例如「某公司的金代理主管」之類的身份標籤，但現在無法透過外在關係來獲得這種認同感，反而更深入地探索自我，追求對「我是誰？」的答案。人們想賦予自己存在的意義。

但這是一個非常困難的問題。即使閱讀有關自尊的書籍或進行冥想，也很難找到答案。因爲在接受以他人期望和標準爲目標的教育之後，突然擁有生活的主控權，對許多人來說是一個挑戰。你是否已經掌握了自己生活的主控權呢？

當我們開始自己做選擇，而不是接受誰的選擇時，便需要找到「我的」位置。在過去，我們扮演的角色都是巨大機器中的一個小齒輪。儘管角色中也有我，卻很容易被其他人取代，因爲這就是分工的結構，關於個人的作用是有限的。尤其是當那些只要機器熟悉了過程，也能完全取代我們的時刻，「受限」的感覺更是強烈。

以往協助跨國企業成長的企業管理學，重視可擴充性（scalability）及穩定性，因此將工作標準化，並持續對員工進行相關的指導和管理。然而現在，這種型態的工作已經結束，人類的工作將朝向更具創意和集體創造力的方向發展。

因此，我們現在的議題是如何成爲不可替代的存在，也就是如何成爲「我的」。那麼，什麼樣的東西可以被視爲「我的」呢？從數據來看，有兩條路可以選擇。

一是成爲平台的擁有者。全球性的大型商業平台，即使在未來仍然具有價值，但要實現這個目標幾乎是不可能的。擁有粉絲基礎的體育明星、藝人和政治家即使不成爲平台的擁有者，也可以生存下去。但只要稍有差池，就可能瞬間失去一切，因此需要時刻保持警覺。

更現實的方法是擁有自己的小型企業，並提升到專業達人的等級。

如果你選擇這條路，那麼如果你開茶館，你就要自己精心挑選茶葉。哪些人會是你的目標客戶呢？那些欣賞你的眼光的人。事實上，類似的店早已存在。有一次我去了一家「自然酒」酒吧，那裡的經理從食材、烹飪方法，到搭配的紅酒和馬格利酒都一一解說，讓我大吃一驚。即使去米其林星級餐廳，也很難期待這種深度的知識服務不是嗎？

從這個角度來看，方法有兩種。一種是建立平台，另一種是成為專業達人，也就是成為提供者或創作者。不論哪種方法，都必須成為第一名。所謂平均值、中間地帶是不存在的。最終，這個故事的結局令人悲傷，也很可怕，因為我們只能成為完整的人。

范伯倫於一八九九年提出「有閒階級（leisure class）」一詞，他指的是那些憑藉高資本收入，而不必工作就能生活的人，稱為有閒階級。這些人不需要工作，而是將如何展現與豐富閒暇時間，視為他們的重要工作。對他們而言，在無用的東西上花費金錢來表現悠閒感，也是一項重要的任務。現在的社會則是「後范伯倫（Post Veblen）」，專門研究「炫耀忙碌」現象，哥倫比亞大學的席薇雅．貝萊薩（Silvia Bellezza）教授提出，在過去，閒暇與奢侈是社會地位的象徵，現在工作才是地位的象徵。

由於自動化、無人化的發展，一般性的工作沒有人類插手的空間了，擁有忙碌工作的生活，反而成爲地位的象徵。藝術家、工匠，從事創造性工作的人都有機會，其他大衆則可能沒有機會。在模稜兩可的中間層，被機器所取代的世界裡，組織也將轉變成集結優秀人才一起工作的型態，不是在培養人才，而是已經經過驗證，且已完善訓練的專業人才一同相聚的狀態，就像電影《復仇者聯盟》一樣。

事實上，現在許多公司不再透過公開招聘，而是透過職務選拔，因爲只要挑到優秀的人，就不需要管理。這是著名的史蒂夫・賈伯斯所說的話，優秀的人會管理好自己，不需要他人的管理，知道該做什麼的瞬間，就會自己研究該如何進行，因此沒有必要管理，只要有願景就可以了，領導者的工作就是尋找願景。

過去，人才的選拔和培養是以「可能性」爲基礎的，而如今整個結構正在轉變爲提出方向、邀請優秀的人才共同前進。在履歷中詳細列出學歷和Spec，並強調自己的智慧和能力，已不再是錄取的重要標準。事實上，現在許多公司甚至不允許求職者在履歷上寫出學歷，自由工作者則可透過個人網站或 Instagram 展示自己的作品。在這個時代，學歷和證照等傳統資格，已不再是求職的必備，重要的是，看到求職者的實際作品，如果符合需求，就透過私訊委託進行工作。因此，工作的合作關係，已經從「人才的可能性」轉向實際能力，這是工作趨勢的轉變方向。

隨著時代的變遷，評估個人準備和成就的標準也隨之發生變化，這裡我想分享一位年輕的創業投資事業執行長的故事。最近，一位已收到四家公司入職邀請的年輕職員，決定加入這位執行長的公司。他非常高興，尤其當他看到這位職員在面試時表現得非常出色時，更感到自豪。這深刻體現了時代的變化，現在已進入優秀職員面試公司和管理階層的世界。在面試過程中，不只公司對個人進行評估，個人也會對公司進行評價和選擇。

選擇了優秀成員，管理就變成了協助成員自主工作，而非監督，過去那些沒有實際工作成績的人，也不能再只提出要求。現在的管理方式已不再是將報告書排成一直線，然後再挑錯，相反地，是每個人各自工作後再整合。要做到這一點，必須將責任與權力轉讓給每個人，而非託付某個人並交由他決策，每個人都會以專業性爲基礎，自行完成後再進行整合工作。傳統的管理者觀念，已經不再適用。

對於企業來說，如何邀請優秀的人是至關重要的。提供高薪就可以嗎？當然，收入與幸福有關，但年收入超過七萬美元後，幸福感的差異不再很大。比起收入，更重要的是被認可，對所做的工作給予深度肯定，並認同專業性才更加珍貴。請不要輕率期望會有人懷著愛公司的心，像「薪水小偷」這種形容，本身就明確顯露出公司與職員的敵對感，既有這種名詞的存在，「愛公司」這種心態又能合理到哪去？

相反，更應該說服他們，讓他們意識到公司是一群有著共同願景的同事。這個願景不只是公司損益目標，還應該具有更大的意義，讓人能以同事身份一起工作，達成共識。然而，這些在組織中並沒有得到實現，所以許多上班族呈現靈肉分離的狀態，只有身體在公司，心思卻飄向其他地方。

未來人類的職業
不是內容創作者
就是平台提供者

미래 인간의 업은
콘텐츠 크리에이터거나
플랫폼 프로바이더거나

你的每個行動都是訊息

若想要具備實際能力而非可能性的話，必須具備相應的證據。過去是透過學歷或資歷來自我介紹，「你從事什麼工作？」「我在〇〇企業中工作了十五年」，這樣對方就會理解爲「十五年的工作經驗」，但現在則會詢問做過哪些專案、自己在專案中有什麼貢獻、學到了什麼等。

所以，現在是記錄自己的時代。以前在美國，入學申請官查看申請人的社交媒體以檢查隱私問題，這在當時造成了問題。現在，申請人則會主動在簡歷中填寫自己的社交媒體帳戶，以便面試官查看。畢竟，即使我強烈聲明自己很誠實，面試官也無從判斷。但是，如果我打開Instagram並顯示出我在Nike Run Club上跑步三年的紀錄照，面試官也可以相信了。Nike Run Club因此成爲誠信的證明，這也是獲得信任的新方法。過去，人們會以工作經驗爲重點，精心設計作品集；現在，他們開始製作涵蓋自己生活的日常作品集來展示。

不只是像學生時期讀的《安妮日記》那樣深刻的紀錄，而是以記錄日常爲基礎，我們應該思考這樣的紀錄有什麼意義和目標。我的紀錄，是我想向世界展示的事物，也是我想表達的信息。

這種想法可以擴展成某種「自我表現主義（self expressionism）」，指的是如何表達我的生活以證明自己的決定。每個人的行動都應該有理由，並且應該能夠解釋清楚。

日常生活中的所有行爲，都是有意義且藏有欲望的。舉例來說，「一起喝杯咖啡吧」這樣的話，在戀人間是約會，但是和職場主管則可能是一些嚴肅事情的預告。早上喝咖啡的行爲，可以成爲開啟一天的動力之一。每個人對咖啡投射出的不同欲望，在消費面向也會根據欲望而有所不同，比如工作的咖啡是罐裝咖啡，早上起床品嚐的是滴漏式咖啡，或者偶爾濃縮咖啡更適合。

消費行爲本身，就是一種展現特定意義的行動。過去，我們購買和使用物品是出於需求，現在，我們消費已經超越了需求，而是爲了表達情感和意義。換句話說，不是物質消費，而是意義上的消費。

由於人們變得更加富有，特別是在享受豐富物質的千禧世代後，消費已成爲自我表達的一種方式。使用的品牌已成爲表達自我的訊息。

當我們觀看某人的社群媒體時，不只會看到日常生活，也會展現對特定品牌的喜愛。如果在某個人的部落格中經常出現 H&M、新世界百貨、《GQ》雜誌、星巴克、蘋果、Diesel 等品牌，透過這些品牌間的共通性，我們可以猜測出部落客的喜好和生活方式。這也是我們透過數據分析，所進行的其中一項研究工作。我們研究一些傾向於某種生活方式的人，了解他們使用哪些品牌，進行什麼樣的消費生活，以及他們的消費生活如何與社會連結。

因此現在消費的時候必須保持謹慎，舉例來說，當抵制日本企業的拒買運動風氣正盛，這時購買日本品牌的話，就會出現「原來你就是問題啊」的回應。事實上，某個日本品牌一度只賣內衣，因爲那是不會展示給他人看的東西。

同時，品牌從現在開始銷售意義。史蒂夫・賈伯斯曾說過，耐吉賣的不是鞋子，而是願景與理想。同樣的，我們現在也不是在銷售物質，因爲到處都充斥著物質。LUSH 表達自家產品不是潮流而是身分，多芬廣告中展現「無論胖瘦，這就是我」的訊息。品牌若無法賦予具有吸引力的意義，就只能遭到淘汰。賦予意義不代表非得成爲善良的品牌，雖然參與某些有社會意義的活動很高尚，但也難以持續。就像強調道德責任，結果買一次就彷彿盡到責任，而不會有重複購買的行爲。這也是優秀的宣傳活動，在一開始時出現熱潮，然後很快消退的原因。

我們要打造的是令人引以爲傲的品牌，而不是善良的品牌。不是將環保保溫杯作爲周邊商品贈送，而是產品本身要具有意義。就像史蒂夫．賈伯斯創辦的蘋果公司，人們購買蘋果不是因爲蘋果做了善事，而是因爲對蘋果引以爲傲，雖然想要令人感到驕傲也不該做壞事就是了。我們應該思考應賦予什麼樣的意義，才能讓產品與社會責任兩相平衡。

內容也可以成爲訊息。

如果詢問上一代人的興趣，最常見的就是閱讀或看電影，要是進一步問到喜歡什麼樣的電影，通常會以導演作品爲核心來觀賞。但現在，如果問要看哪些內容，只要要求看一下WATCHA[9]串流清單，全部都會顯示出來，無法說謊。

未來，甚至可能會有「WATCHA串流清單」的約會配對，如果喜歡的影視作品類型相同，那麼你和你的約會對象就非常相配，這種情況也是可能的。因爲所有觀看紀錄都被保存下來，基於這些內容建立了推

9｜韓國資訊科技公司 Watcha 主要營運影視作品評論「WATCHA PEDIA」及串流影音「WATCHA」兩大平台，彼此共享數據，因此可以根據兩平台使用者的評價，提供更精準的推薦。

薦清單，所以相較於婚介公司，使用串流平台如Netflix或WATCHA更可能提高約會的機會。

同樣的，網路也是訊息。如果我追蹤芭芭拉・克魯格，就暗示著我對美國的觀念藝術有所了解；如果追蹤川普，就透露了對他的政治動向有所關注。由於川普的推特上有太多需要事實查核的內容，導致遭到永久關閉。倘若追蹤了這類帳號，也很可能會被視爲同類。

當網路成爲訊息，我們就不能隨意建立關係，因爲我追蹤誰，也會成爲某個人的判斷依據。

所有的一切終將串連成爲生活方式，而生活方式也是訊息。許多公寓廣告中，房子和人全都過於美化，雖然看起來美好，卻只有風格而沒有生活感，我將之形容爲「沒有生活的風格（lifeless style）」。從嚮往這樣的生活起，逐漸開始參考現實中存在的美好生活方式，例如北歐生活或是雜誌《kinfolk》般的生活。我想稱這種生活爲「stylish life」，也就是有風格的品味生活。

現在，透過居家生活風格網路商店「ohouse（오늘의집）」，我們可以展現出自己獨特的生活方式及風格（my lifestyle）。我們觀察到，

過去是對世界上沒有的或其他國家的風格感到羨慕，但現在我們的生活正在透過創造只屬於自己的東西提升，雖然我所擁有的資源和能力有限，但決心不放棄找到只屬於自己的風格。

不將幸福拖延到未來，是因爲對未來的期望值下降了。在高度經濟成長期，由於利率也很高，如果有錢就可以快速貸款，這是一種有利可圖的生意。從一百韓圜變成一百二十韓圜，然後又成爲資本金，透過複利效應不斷增加，因此比起現在追求幸福，先考慮未來的投資更爲明智。然而，當利率停滯不前，現在的一百韓圜將來仍然是一百韓圜。在這種情況下，我們就會覺得擁有現在的幸福才是划算的。

品牌就是訊息。

內容就是訊息。

網路就是訊息。

生活風格就是訊息。

你的每個行動都是訊息。

Brand is the Message.

Content is the Message.

Network is the Message.

Lifestyle is the Message.

Your Every Move is the Message.

由於這樣的差異，可能會產生誤解。在金部長看來，李代理的表現令人難以置信。基於韓國的薪資分級制度，李代理的月薪不到金部長的三分之一。然而，李代理的花費卻比金部長還多，經常參觀展覽、旅行、享受美食，並關注潮流。但從李代理的角度來看，金部長的月薪比自己多三倍又有什麼用呢？他的零用錢比自己還少，還要支付貸款、課外輔導費等無盡的養育費用。

截然不同的價值觀，究竟誰才正確？其實兩個人都沒錯。部長出生於不同時代，靠著忍耐和儲蓄買了房子；然而，李代理即使每個月存下一百萬韓圜，也需要七十年才能買得起房子。每個人都只能努力過各自的生活，因爲這兩個完全不同的世界正在相遇。

隨著時代不斷變遷，若個人像金部長一樣只相信自己的經驗，可能會遇到困難；品牌若無法把握當前的理念與現實，消費者就無法產生共鳴。耐吉之所以深受歡迎，是因爲在新冠疫情期間，他們的經典口號「Just do it」被轉化成「Just don't do it」，提醒人們待在家中休息，減少感染風險；在種族歧視議題上，他們更是喊出了「Don't Do It」。相反地，那些只關心販售商品的品牌，在這樣的時代裡往往會招致消費者的反感。

購買代表我們認同品牌所倡導的價値觀，閱讀內容則是對自己知識品味的宣示，追蹤特定對象則證明了彼此的連結，這些行爲最終會向世界展現自己的生活風格，彰顯自己正在過著這樣的生活，並傳達訊息。整合這些行爲，可以形成對我們的個體全方位了解，而我們所發出的一切，都會成爲闡述自我身份的訊息。

我們都是整體的一部分，必須透過互動來證明自己並獲得認可。此外，我們現在的互動關係比過去更廣泛而複雜，如果在社群上擁有十萬名以上的追蹤者，那麼我們的訊息就會傳給這麼多人。即使關係急速增加，現在也得開始細膩的打造並累積關於自己的信息。如何做到這點，將成爲展現自我的重要任務。

我們都在爲這個目標而奮鬥，或可以稱之爲自我開發，這不是一時的，而是要持續進行並留下痕跡。

在 Instagram 上有一個名爲「#100daysofpractice」的主題標籤，顧名思義就是就是記錄一百天的練習情況。有些人會練習一百天的低音提琴，第一天可能還沒有練好，但到了第一百天，他已經可以演奏出一首不錯的曲子了。當我們看到這樣的表演時，會因爲他做到了而深受感動，看著已經成功的人表演，我們會尊敬他們，並享受自己的品味。然而，一個曾經不會的人，在短時間內努力學習並取得的成就，會帶給人更深刻的感動，因爲他們發自內心的奮鬥使我們感同身受。

這一切都將被記錄下來，記錄我自己的意志和表現。因此，展現我自己的紀錄必須由我來主導。如果我只是因爲被問到「經理，你寫報告了嗎？」而寫下報告，那這就不是我的紀錄了。爲了讓紀錄承載我的意義，我必須要主控整個過程：從起點出發，逐步擴展，以此爲基礎進行練習，並對結果負責。當我的名字被提及時，這些紀錄就代表著我。如果是我發自內心寫下的，那卽使是公司的報告，也可以成爲我的紀錄。

現在，留下自己的足跡、記錄成長的過程，將成爲自己的個人檔案。那麼，我們應該做些什麼呢？首先，必須親自去做。其次，要以紀錄的形式留下來。這個成長過程將能成爲資產，既是一種文化資本，也會成爲事業。

我，紀錄的總和。

I, sum of records.

回到源頭，你是真實的嗎？

紀錄會引發共鳴。特別是現在，也許是因爲生活變得單調無味，許多人尋求情感上的溫暖，從而產生共鳴。以前在網路漫畫中，校園、暴力或愛情故事通常是主題，但現在日常生活反而成爲了主流。這些作品被稱爲「日常漫畫」，透過重新發現讓你我都有共鳴的內容爲主題進行創作，創作和享受這些作品的人，都可能是大學生或上班族。

隨著包含「眞實的日常」與感性的內容逐漸引發共鳴，儘管確診者們受到大衆批評或取笑，從他們被公開的活動足跡中也能感同身受。他們之中，有些人正準備參加教師資格考試，他們在大學圖書館和便利商店等地的活動足跡，引起了人們的關注和憂慮，因爲能感受到教師資格考試愈來愈難通過，這讓他們感到更加焦慮。同時，一些上班族從早到晚工作十四個小時，「完全沒有活動足跡」成爲人們談論的話題。絕不能對這些長時間工作的人袖手旁觀，他們的工作壓力需要得到關注和幫助。

隨著對每個人生活的公開和感同身受的共鳴，我們也得到了一個重新思考社會中錯誤習慣的機會。

同一時間，大家還開始尋找好人好事。有一位居民在貨車內發現一隻被遺棄的狗，並檢舉司機涉嫌虐待動物，但事實上，該司機是在幫助這隻狗，將牠救出並照顧牠。這個轉折讓人更加感動，原本被懷疑的事情變成了美好的故事，而這隻曾經是流浪狗的小狗，現在成爲了快遞公司的吉祥物。

類似的好人好事隨處可見，經常可以聽到餐廳幫助貧困家庭的故事，大衆得知後說應該要用錢來「教訓」餐廳而瘋狂訂餐。人們似乎透過尋找好人好事，呈現出想看到「世界並沒有那麼糟」的心。

類似的事情也曾發生在朝鮮時代，比方像暗行御史的工作中，除了揭發貪官汙吏並懲罰外，還要定期監察當地的治安狀況，更有尋找烈女或孝子的特殊任務。這樣做不僅是爲了監督國王的錯誤行爲，也是爲了獎勵那些爲國家作出貢獻的人。國王派遣善良的特務到四處巡視，這證明他是一位仁慈的統治者。

雖然有人說，如果很難挖掘烈女或孝子的善良事蹟，暗行御史就會用編造的，但可以看出，無論當時還是現在，我們都希望聽到善良的故事。如果生活的世界很痛苦，可能會失去希望，這種壓力會對我們的生活產生負面影響，所以我們渴望聽到好的故事，並期待能夠擴散正能量。因爲我們自己也很可能是受惠者，所以期望善良的影響力能夠持續擴大，形成一個正向的社會網路。

尤其最近在社群媒體中，可以看到許多個人善舉被證明、記錄和傳播，從冰桶挑戰等許多抖音挑戰作爲擴張善事的媒介，讓我們感受到對善良影響力的渴望從未停歇。

問題在於，有時候給我們帶來感動的善良影響力，並不是眞正的善良。事實上，如果進行驗證，會發現有時會出現假的事蹟。

聽過「貧窮色情（poverty pornography）」嗎？這種內容將貧困描述成極端的情形以引起同情，通常會在慈善宣傳中頻繁出現。最近也在某些YouTube頻道上引發類似的爭議，人們會根據相機的構圖與畫質來驗證感人影像是否有造假，如果眞的造假，這種行爲就是在玷汙那些被影像感動甚至捐款的人的眞心。

安德魯．波特在《眞實性騙局（*The Authenticity Hoax*）》一書中就有寫下這樣的話，「雖然不知道眞實性的確切本質，但憑直覺能知道什麼不具有眞實性。不管『眞實性』是什麼，人們都想要。」雖然人們都在尋找眞實性，卻不知道那是什麼，然而在這個過程中，可以得知這個人是不是眞的。

或許一開始從外觀或感覺（Look and Feel）上察覺不到，然而經過破解的過程，一遍、二遍、三遍的解說就能發現。使用可以交叉檢查的探針去測試數據，要是數據資料少的話還查不出來，但現在的數據如此龐大，交叉確認變得更加容易，人們會更熱衷於眞實性。

最近討論眞實性時的關鍵詞是「道歉」，這並非偶然，因爲人們不喜歡有意犯錯，但失誤則可以原諒。例如，若送貨員在路上不小心摔倒，把東西弄壞了並道歉，這樣的情況就可以容忍，但若是故意破壞，那就不可原諒，因此，人們關心的不是行爲本身，而是動機。如果道歉並非誠心，就會引起憤怒，就算一開始只是失誤，最終歉意的眞誠與否才是重點。

探究意圖眞實性的年輕一代，他們關心的是「源頭」。就像牛仔褲起源於Levi's，德軍訓練鞋起源於Maison Margiela一樣，他們想知道誰是始祖。

不過，曾經去過著名美食街的人都應該知道，誰是那條美食街的「始祖」呢？當你去現場時，你會聽到很多攤販都在自誇自己才是眞正的「始祖」，過去很難一一確認，但不論誰是始祖，各家的味道差異也不大，所以，你只需要到那條美食街，隨意進入你喜歡的店家即可。此外，店家之間也有個不成文的規定，不會彼此誹謗。

然而，現今圍繞著各種美食餐廳品牌的始祖，以及誰在商業上惡用此事的問題，已展開激烈的攻防戰。每當發生爭議時，人們會認眞提出自己的看法，而不僅僅是觀看。現在，人們不再只是說「我覺得那家很好吃啊？」，而是會追究誰是製造商，製造廠在哪裡，以及銷售者是否和製造商相同。在外送應用程式上點餐時，人們也會查看餐廳的街景，如果沒有餐廳的照片，即使掛上十個招牌，也不會讓人相信這裡有餐廳。

原因是，人們想要知道創造者的意圖和意志。他們想要分辨出跟隨潮流而搭便車的人，同時也希望了解一個人從一開始就堅定不移的信念和歷史。因此，現在人們開始分辨眞僞，深入了解事物的根源。

過去，想要知道根源是很困難的，因爲只能透過口耳相傳的傳聞，很難確定起點。但現在，透過 NFT 技術，無數可複製的數位藝術品的始祖可以查明；透過區塊鏈技術，也可以知道什麼是最早的，因為所有事情都會被記錄下來，所以現在人們能夠更清楚地了解所有事物的來龍去脈。

史前時代，顧名思義就是歷史被記錄之前，因此對那個時期的推測，通常採用碳同位素的放射性定年法進行測量，然而，以幾十年為單位進行測量時，資料很難準確。不過現在的餐飲業，許多餐廳聚集在麻辣燙美食街上，誰提前幾個月開始經營就很重要，衛星照片、街景圖、遊客部落格等都留下了寶貴的資料，因此也不能造假。人們現在對於從一開始就喜愛或只是跟隨潮流，要求變得愈來愈嚴格。

我們正致力於追求眞相，是否意圖善良或只是為了評價與補償，這都是我們謹慎觀察的結果。生活中無所不在的紀錄顯示，我們進入了一個時刻都能被驗證與觀察的時代。以往的「歷史告訴我們」這句話，只是用未來的觀點總結過去的功過，然而現在個人的歷史已經得到驗證。以前，驗證需要透過明星的成績單或生活紀錄簿，現在，校園霸凌等過往行為，也可透過同學在社交媒體上上傳的貼文揭發。無論何時、對誰的錯誤或傷害，我們都像手握不定時炸彈般生活著。

「你是真實的嗎？」

“당신은 진짜입니까?”

因此生活變得需要時刻謹慎和深思熟慮。當然，隨之而來是相當大的疲勞，因爲如果一直裝作善良的樣子，是件困難的事。那麼，我們應該怎麼做呢？必須要從根本上善良地生活，這樣才能不脫軌。否則，如果只是假裝善良，那麼在放鬆的瞬間，僅此一次的脫軌行爲，就會造成人生無法挽回的污點。所有這些個人的訊息，都可以被放大、擴大、引發與再生，因此未來每個人都需要具備「日常的每個瞬間都要踏實」的生活法則。

近年來，善良的行爲已成爲日常化的社會現象，逐漸受到人們相互鼓勵勸誘。例如，二〇〇七年韓國泰安半島發生河北精神號漏油事故，許多人挺身而出，前往清除漏出的石油。這樣的場景展現出人們克服重大事故的決心，這種行爲將成爲常態的生活文化。

再舉例來說，繼冰桶挑戰後，無塑挑戰、淨灘，淨街慢跑（Plogging）等社會活動逐漸流行。淨街慢跑源自北歐，約在二〇二〇年下半年左右出現，是一邊慢跑一邊沿路撿垃圾的活動。而釜山的淨灘活動則已持續十多年，甚至在一天之內售罄，售罄的意思是，參與活動會收取報名費。以前去撿垃圾的工作會支薪，現在反而變成付費參與的活動，這些社會上優秀的儀式或文化，正在昇華爲日常生活中珍貴的儀式。

對老一輩人而言，花錢撿垃圾可能會稍微感到驚訝，然而現在這既是一種娛樂，也是一種充實日常生活的方式，社會正在往這樣的方向改變。社會日益善良，至少從直接傷害他人的行爲減少來看，顯然是文明化的。每個人的善行都會創造共同利益，最重要的是社會正在走向追求和宣揚善的系統。讓做善事的人得到鼓勵，而眞正的行動也會留下結果與過程紀錄，讓人們從中得到回饋，並向朋友們再次擴散。

一旦擴散之後將會超越個人，進而轉爲要求企業也進行善事。超越企業社會責任（CSR）走向 ESG，正如現在的趨勢，前面曾提過目前對 ESG 的想法仍千差萬別，在與企業中的人對話時，意外地發現許多人認爲 ESG 是企業社會責任（CSR）的擴張版，著重於企業的責任。在韓國，對 CSR 的認知是「當銷售額高，特別是利潤高的公司，就應該捐款」，如果到了年末或年初，出現某企業捐款的報導，報導就會出現「身爲競業的其他公司爲什麼不捐款」的留言。

相反的，ESG 不同。韓國有句俗語說「像狗一樣賺錢，像君子一樣的花錢」，意思就是，即使透過不擇手段累積財富，只要能心存良善的用錢，就足以彌補過錯。但現在的社會可不允許像狗一樣賺錢，因爲破壞環境、隨意履行的社會責任，或者透明化標準錯誤的設定，試圖以此累積財富就是違反ESG。也就是說，根據這個標準，我們需要重新定義企業、檢查流程，而不是在已經賺了錢後才要求，正如同要求改善根本體質一樣，這也是個更加艱鉅的問題。

只追求效率的企業，將無法在現今的社會證明其存在的意義，因爲未來企業的組織藍圖，需要包含每個人思想與生活願景，必須提出超越效率、昇華爲意義的願景，並與對此有共鳴的消費者和社會溝通，即使驗證過程愈來愈精細，也要「眞實的」進行。

人們如果知道企業眞的用心執行，就會以購買作爲支持，也就是說，消費行爲已不只是爲了自己，更提升到了認同且支持對方理念的地位。反之，無法遵守共存原則的自私願景，將不會受到認可，若沒有眞實性的參與，也不會得到社會的支持，進而令事業的基礎產生動搖。

成為真實的方法

我們的故事來到了「眞實性」的主題，由於這個詞彙被大量使用，因此眞實性聽起來反倒很虛假，這同時意謂著，儘管付出了許多努力，社會上的眞誠仍未達到大衆所期望的程度。

前面我們已經看過不是「虛假」的眞實性，現在應該要思考「眞正」的眞實性了。

前面曾提出「身爲人類，我該怎麼做？」的問題，答案顯然不是技術。要實現眞實性，需要具備原創性與著作權，既不是技術也不是技藝，而是必須成爲創始人。如果習得的技術沒有原創性，當技術自動化時，將無法擁有自己的價值。換言之，若是缺乏創意，技術再純熟也不具有意義。

因此現在必須先思考，過去那種作爲學徒去學一門技術的途徑，已不是首要選擇，首要選擇必須經過思考，找出自己要做什麼以及要向誰學習。

眞實性（authenticity）的語源是「自己實現」什麼，最終，眞實的行動才是我所想、我所做。

從職業的觀點來看，眞實性可以體現在自主性和專業性兩個面向。自主性意味著我的意志，而專業性涉及能力的問題，亦即我想做及我能做的能力。當這兩種條件皆備，我們就能獲得信任，或被稱爲職人或藝術家，工作的主體便是我們自己。

自主性＋專業性＝真實性

自主的

→ 真實的

完成 -----→ 工作的人

Self + Achievement = Authenticity

autos
self

→ authentic
(adj.)

*sene- hentes
to accomplish, achieve -----→ doer, being

我們也提到過透明性，眞實性與透明性就像硬幣的正反面。如果說透明性最重要的議題是各階段的充實度，那麼眞實性最重要的議題（各階段的充實度當然是必要的），就是我們的意志是否與我們所追求的價值一致。換句話說，如果透明性相當於要求完美程序的品質管制（QC，quality control），那麼眞實性則相當於意志（willingness）的範疇。我想問的是，我們想要哪一種呢？

透明性能夠管理的是程序上的合理性，因此只要誠實就可以達成；但眞實性就提升到了，我們是否值得追求、是否超越既定義務到了投入人生的程度，以達到我們眞正喜愛這個價值的人生目標。也就是說，如果透明性是必須履行的義務，眞實性就是超越這些的，投入程度問題。

在某個組織中，有位被稱爲「空降部隊」的機關首長，他雖然並非缺乏專業知識，但也不算是某一特定專業的專家。這種情況讓下屬們感到相當辛苦，內心時常抱持著「他又來了？」的想法。這種人初來乍到時，通常會先說些好話，用自己的職涯經驗爲基礎來進行談話，也可能談及對政策的建議，或是一些任何時候都能閒談的優秀經歷。每到新年，他們就會撰寫國情咨文，不過當然不是他們本人撰寫，而是由戰略企劃室的負責人所寫，室長再把這項任務外包給媒體代理商，代理商再轉包給廣告文案寫手，製作出來的內容都非常政治正確。由於正在零接觸時期，機關首長會讀出這些內容，大概錄製三次左右後剪輯成影片播放。看到這些影片的人們，基本上會覺得這很老套，就像以前的國民教育憲章一樣，聽完後並不會感動，因爲他們知道，這既不是機關首長親自寫的，也不是他的眞心所想。

與之完全相反的是全員大會。創業投資公司經常舉行全員大會，每週或隔週都有創業者出席直接與職員談話，主要說明商業的現狀、目標和問題，而新職員也會舉手提問、提出批評。透過討論、說服、調整的過程，彼此達成共識。爲什麼他們要這麼做？我想是因爲，想要得到眞心的交流。

這兩種「溝通」形式對比後，能看見如前面所說的自主性與專業性差異，最終的關鍵是眞實性。是我做的還是空降部隊說的，是發自內心的想法還是做做樣子，這就是差異。現在需要兩件事：第一，做自己想做的事。第二，必須親自做。唯有親自做，才能得到自主性與專業性的認可。

我已經演講超過十年了，但不太喜歡錄製節目，因爲預錄的演講既不生動、也不能互動，最重要的是無法進行問答。透過問答可以看出對方思考的深度，因爲現場問答不是事前安排好的，而是當場回答拋出的問題，能呈現出對方的學習與積累，以及其思考的深度。在我能銷售自己淵博知識的時候、我的眞實性還能獲得專業性認可的時候，我也願意持續思考、堅持現場互動。

在直播的時代，是預錄節目以策安全，還是要以累積的專業性爲基礎，以自主性爲目標，選擇在我們自己。然而，我們不可能做到所有事情，因此必須縮小範圍，在衆多選項中先設定自己的大本營，成爲自己的「根本」。如果我們每個人都成爲自己領域的創始人，就可以成爲根本的主體，不必再競爭就能過活。

如果你正在思考自己的未來並閱讀這本書，請先閱讀到底。

模仿他人的長處可以稱爲標杆學習，但放到現在這種行爲很容易被解讀爲跟風。標杆管理應該是要避免風險，如果你有好的想法，就先Google搜尋一下，倘若已有相同的想法就不要做了，我們應該做的是那些搜尋不到的事情。一旦開始模仿已有的東西，你就只會成爲模仿者。

如果你堅持做沒人做過的事，你會建立起自己的信用，並且逐漸擁有自己的品牌。我相信在這個眞實性的時代，這已成爲個人道德的一部分。反骨意味著，不做別人做過的事情，這正是存在的意義，因爲你與他人不同，你是獨一無二的。

不是被告知，而是被發現

正如標題，我所創造的關鍵字是「被發現」。我並沒有操作，只是在我的生活中實踐，結果變成了一個趨勢。當全世界都在談論「最近大數據、元宇宙很流行」時，才問起「誰在做這些工作？」，卻發現這些事情早已有人在做了。一旦某個話題浮出水面，後來加入的人就不容易深入其中，因爲他們沒有足夠的積累時間，換句話說，他們只是追隨者。

要「被發現」，我們必須先做，且必須長時間的堅持。

再加上，因爲我們還會活得很久，現有的組織與制度無法全然保護我們，所以需要長時間觀察，因此保持一致性（consistency）很重要。想要保持一致，目標必須始終如一，所以設定目標是首要條件。我會先畫一個圓圈，接著在圓圈上，整合我所有的活動。

從現實來看，持續傳遞一致訊息的企業才能生存。例如，當耐吉整合了到目前爲止所做過的廣告，就形成了訊息。雖然每個行動都會結束，但當看到整體時，也要能夠解釋每個行動之間的關係。思考如何創造出這樣的訊息，是未來的任務，也是願景。路易威登花了一百六十年、巴塔哥尼亞花了四十年，若傳遞密度高的話，也能夠在五年內實現，甚至個人也可以達成。

在二〇一六年的採訪影片中，我談到了讓許多人都能共感的事情。很多人都煩惱於，所有人都告訴他們去做自己喜歡的事，但卻不知道該做什麼。當時我回答，無論做什麼，都必須做十年才能成為專家，所以不要拖延，從現在開始做起。也就是說，如果你喜歡貓，就花十年時間養貓並且研究，十年後，如果所有人都喜歡貓，你可能早已成為業餘高手。

2015 年「爲自己呼喊」

2018 年「#瘋狂的存在感」

2019 年「相信你的偉大」

2020 年「相信我們的力量。You Can’t Stop Us」

2021 年「新的未來，A New Day」

耐吉的一致性

2015년 “너를 외쳐봐”

2018년 “#미친존재감”

2019년 “너라는 위대함을 믿어”

2020년 “우리의 힘을 믿어. You Can’t Stop Us”

2021년 “새로운 미래. A New Day”

나이키의 일관성

然而貓眞的出現了。二〇一六年有關貓的 YouTube 頻道中，訂閱數超過五萬的只有一個，然而在五年後的今天，排名第十的訂閱數也超過了二十萬，喜愛的力量，足以形成如此龐大的關注與市場。我們還可以從中發現，在短短五年內就能夠實現這樣的成就，而不是需要十年。這讓我認識到，隨著工作投入程度和情勢的變化，能夠展現工作成果的時間也會縮短。

二〇一五年出現了第一個，以昆蟲爲主題的 YouTube 頻道，訂閱數則在五年內就超過了一百萬，並得到與大企業合作的機會，這代表喜愛昆蟲也可以成爲職業。而且不只是昆蟲，爬蟲動物也可以。一位飼養爬蟲動物且經營相關業務的人，也在二〇一五年開始了自己的 YouTube 頻道，在六年內便累積了七十萬的訂閱數。

貓、昆蟲、爬蟲類等各種可能的新機會正在到來，而我們又在做什麼呢？當我們小的時候，覺得觸摸螞蟻等昆蟲是種好玩的遊戲，後來隨著年齡的增長，不知不覺中開始做著和別人一樣的事，連自己都不知道，是在什麼時候選擇了這樣的生活，只是從某個瞬間開始，就過著例行公事。

我指的並不是要重新喜歡上昆蟲，也不是去挑選一個感覺會流行的事物，而是關於每個人的夢想。我認爲夢想不需要刻意尋找，而是會自然而然出現在腦海中。小時候曾經喜歡過的東西，卻逐漸被遺忘了，等到回過神來，好像已經生活在社會壓力與他人的期待之中，所以我認爲，只要記住自己眞正喜歡的是什麼，就可以找到自己的夢想。喜歡昆蟲不一定要成爲昆蟲學家，首先只要喜歡就可以了，只要喜歡，也能夠成爲職業、擴大成產業、發展成學問，也可以只是成爲個人的喜好，這些都是自己的選擇。

還記得自己喜歡什麼嗎？有些人的工作是製作小時候愛畫的機器人，有些人則是玩樂高積木後成爲了藝術家，或者有人進入了從小喜歡的漫畫出版社，成爲參與作品的共同創作者。有些人則將對動物的關注，擴大至全體生命的尊嚴，展開了社會運動。還有我們熟知的名人，透過發展他們兒時的太空夢想，發起前往火星的巨大計畫。每一個人，都不一樣。

若是持續實踐喜愛的事物，就能在某個瞬間感受到藝術性的經驗，哲學家約翰・杜威稱其爲「一種經驗（an experience）」。當我們抓住喜愛的事物，嘗試並持續熟練，就能在某個時刻感受到藝術型態的情感，這種感覺與「跑者高潮」（runner's high）相似，而這就是德業一致的瞬間。進一步來說，如果能夠將自己的喜愛與眞實性留作日常紀錄，那麼這就是一種資產，也是一種專業性，更能以此爲基礎來挑戰自己。然而，個人的成就可能會因熟練程度而有所不同，而且倘若走錯了方向，即使拚命努力也可能會徒勞無功，因此在此之前，先做好思考是必要的。

以前在群體中，看不見整體，現在透過數據，我們可以看見整體，甚至可以放大、也可以回頭看，逐一看清所有細節。因此，尋求或模仿他人的夢想是沒有勝算的，我們必須創造自己的夢想。如果從現在就開始，會發生在我們身上的，就會發生。

銷售故事的總量

如果要達到眞實性，就必須在理念上達成共識。在意義消費的時代，商品成爲了思想，思想成爲了商品，因此銷售的是理念，而非物質。

爲了讓想法得到共鳴，需要簡單的解釋，在這種時候常用的便是象徵與故事。我們應該將理念融入哪種象徵與故事中，透過這種手法，我們可以找到理解我們的意志、欣賞我們的思想價值的人。

「댕댕이（Daeng Daeng i）」這個詞通常用來暱稱小狗，但有許多人卻不知道爲何會這麼稱呼。這裡替大家解釋一下。因爲「멍멍（Mung Mung 汪汪）」和「댕댕이」的字形相似，有些人就故意打成錯字，而且要是老花眼看起來，簡直是一模一樣。總之，因爲字形看起來很像，所以就這麼使用了。

再來是把貓稱爲「떼껄룩（T'ekaaluk）」，這個詞更加令人困惑。在某款遊戲中，裡面有隻專門賣道具的老虎，牠會用獨特的口音發出「Take a look」，但在非英文母語的韓國人耳中，聽起來就像「떼껄룩」。

由於老虎屬於貓科，於是這就是爲什麼貓被稱爲「떼껄룩」的原因了。

第一次聽到這些解釋的時候，不知道內心會有什麼感覺？或許會覺得這也太不合理了吧。

如果要向不知道象徵的人一一解釋，大概要花很多時間，更何況不知道這個象徵本身，大概也是因爲缺乏興趣，如此一來，就算花時間爲他解釋，既不會覺得有趣，也無法有所共鳴。這就是象徵的本質，如果形象化得太過簡單，就無法區分；如果過於複雜，就會變得難以使用。因此，我們努力尋找既能區分又簡單的結構，正如全世界通用的象徵：星星或微笑，每個人都在使用。

相反的，也有複雜的象徵。

例如鋪在豪宅入口的草坪，可以解釋爲地位的象徵。原本是作爲區分狩獵場的邊界，但完全沒有實用價值，更不會生產作物，就只是庭院而已，像范伯倫的有閒階級一樣，在非生產性的事物上消費，以炫耀自己的地位，因此買草坪其實是買地位。另外也有其他分析認爲，美國中產階級會有段時間，喜歡在自家前院種草坪，這也是在模仿十九世紀貴族的生活。

除此之外，由於紫色很難在大自然中獲得，因此成爲權力的象徵。顏色是當今品牌喜歡使用的象徵之一，愛馬仕和蒂芬妮分別使用橙色和蒂芬妮藍作爲自己品牌的象徵，即使歲月流逝，這些象徵仍會一直留在我們的記憶中，永不褪色。

最終，我們銷售的不是物品，而是象徵，更進一步說，我們銷售的是故事。星巴克銷售的是一九七〇年代初期西雅圖的情懷，星巴克這個名字取自於著名小說《白鯨記》，是否認識這部作品也是一種暗示，將這些事物如同傳說般地故事化，也是品牌化的起點。

如此看來，七星汽水也是一種傳說。七星汽水已經有七十年的歷史，上個世代都擁有關於七星汽水的回憶。比方說提到七星汽水，就會想起水煮蛋、海苔飯捲和火車。我們生活中的某些部分，也因爲七星汽水的象徵而成爲傳說，而且有時候，歐洲和韓國的傳說也會彼此相遇，就像SMEG 冰箱中裝著經典版的七星汽水。

在象徵如此混亂交錯的過程中，我們對品牌與世界的理解也會逐漸累積。自然而然地，我們所選擇的品牌也會展現出我們的眼光和造詣。作爲消費者或品牌的追隨者，我們會傾向於支持那些在理念和思想上能引起共鳴的品牌，也就是所謂的粉絲團。當我們選擇某個職業時，有的人可能是因爲高薪而去，有的人則是因爲工作本身的吸引力而投身其中，不同的選擇將導致完全不同的個性特質。例如據說在首爾的BYREDO工作的人和創辦人都有紋身；Supreme則是由滑板愛好者創立的品牌，反映了他們獨特的反抗心理。如果一個品牌能打造出令人著迷的形象，就會與消費者建立更緊密的聯結，就像蘋果商店中服務顧客的Genius Bar一樣。

若能將品牌提升至這種程度，就會有著如同宗教般的影響力，這就不必進行顧客管理了。粉絲團對品牌有著絕對的信任，如果把消費行爲粗暴地比喻成捐款，就能明白在這種情況下，沒有人會談論價格，因爲價格只是證明了信任的不足。

當然有人會反問，只憑著信徒們的消費，市場會不會太小了？然而，信徒並不會只是消費，若能擁有狂熱粉絲的擁戴，就會產生月暈效應，吸引更多人的好奇心和羨慕，進而出現下一個使用者。因此，我認爲凝聚能夠產生月暈效應的信徒，是首要任務，接著才是銷售，也就是說這有著主次之分，影響範圍會逐漸擴大。

現在，製造商品已經變得十分容易，因爲全球分工的發展，使得物質上的差異化減少了。因此，我們應投資在產品品質以外的思考上，還要關注投資在不必要的事物上的風險。因爲一旦數位和機器人結合，差異化將會變得更少。

競爭最終是由他人驗證和評估的，因此，如果總是在競爭中，便有可能永遠成爲失敗者。如果不想陷入無盡的競爭中，就需要有自己的東西。只有證明了自己的獨創性，才不需要競爭。獨創性不只是一次性的，而且是爲了生存所必需的。

那麼，我們要以什麼作爲象徵，自然就會變成一件苦惱的事。舉例來說，許多象徵是借用傳說重新創造的：《瘋狂麥斯：憤怒道》是一部講述核戰後世界的故事，在這個未來世界中，男孩們因基因突變而罹患癌症。他們臨死之際會喊出的「瓦爾哈拉！」，在北歐維京人的傳說中，是死後天堂的意思，然而用在這裡只是一個名稱嗎？其實，還借用了整個傳說的世界觀。

除了借用傳說重新創造，還有直接創造神話故事，例如《魔戒》。若將《魔戒》繼續延伸，就會形成一種世界觀，這本身就是巨大的資產，像漫威形成漫威電影宇宙一樣。當這些作品因粉絲喜愛，被引用來二次創造出現了粉絲藝術，則能確保成爲世界觀與信徒的龐大宗教。過去的金庸、托爾金都是如此，如今的網路小說同樣是在銷售世界觀，並且都在各自收集虛擬世界的信徒。

如果將這些不同的世界觀相互串連，可能會出現找不到原創的全新事物。例如，每年春天都會推出各種櫻花商品，從可樂到冰淇淋等，特別是在食物類有非常多例子，然而櫻花本身是不能吃的，這表示即使找不到源頭，也沒有串連的合理意義，人們依然會購買。看到櫻花世界觀的我意識到，只要透過努力，「變種」也可以成爲原創。

安德魯．波特在《眞實性騙局》中主張，這個世界上不存在原創，因爲文化會不斷複製，源頭一開始就不可能存在。例如，韓國人認爲炸醬麵是中國菜，但實際上中國確實有炸醬麵，只是口味不同，此外，在美國，也有韓國餐廳賣炸醬麵。這就像是每個人都在自己的基礎上添加自己的想法，無止盡地製造出新東西，而不是堅持某種原則，保留某種東西。如果你能理解這種共鳴點，那麼即使沒有原創，也可以創造出有用的東西。

因此，安德魯・波特認爲，只有更努力的人才能獲勝。換句話說，由於眞實性是相對的，所以投入更多的人會獲勝，最終，那些追求某種價值觀、堅定而強大的人會獲勝。就像巴塔哥尼亞這個品牌一樣，他們堅持爲環境做出貢獻，不只是讓人們知道這點，而是直接告訴人們不要購買產品，以保護環境。但如果有人能做得更好，他們也可能是贏家，例如，如果有品牌只生產十個限量版產品，他們就是贏家。

我們銷售的終究是故事的總量，在每個產品都刻上了意義和象徵，含蓄地暗示客戶。

現在有許多實力堅強的小店，雖然名聲並不響亮，但是透過對工作的信念和思考，獲得了象徵性，每個象徵都蘊含著主理人的精神，其中也包含他的人生。

故事的總量是所有嘗試的總和，因此我們銷售的是專業性和深思熟慮的結果。這些結果包含了時間的累積，但也是理解與知識的總和。因此，如果缺少某方面的知識，我們就得銷售會被人工智慧取代的勞力，換言之，我們要做的是創造源頭的獨創性，而不是像以前一樣埋頭宣傳產品。

銷售故事的總量是，

專業性和深思熟慮的結果。

고민의 총량을 판다는 것은

나의 전문성 및 숙고의 결과를 파는 것입니다.

相反的，品牌也不能隨意連結。倘若直接表達無須解釋，而對方也能理解，這便是非常合適的群衆，但若無法理解，便也不是目標族群。也就是說，只要接觸能理解、喜愛品牌象徵的人就夠了，因爲這些人將會成爲傳播者，協助品牌讓更多人來理解，像傳播文明一樣到處宣傳，這不就是病毒結構嗎？

如果訊息與觀點能夠引起共鳴，就不必擔心是否會被人接受。實際上，爲了順應這樣的情況，許多品牌都在思考跨越商業與藝術的界限，並制定相應的理念和共識。因此，我們需要做出相應的工作，創造深度的內容，吸引人們的注意力並將其傳遞到各個角落。需要尋找認同和認可我們故事的人，這不僅是尋找市場的過程，也是累積粉絲的過程。

從現在起的十年策略：理性思維、工作的真實性與成熟共存

分化的社會、長壽的人類、零接觸的擴散，前面提過變化的常數，

未來仍會持續相當長的時間。我們該思考的是，我們會被變化的趨勢淹沒，還是會創造屬於自己的價值？嘗試想想看，若我們不想失去自己的主控權，應該做些什麼？問問自己，眞正喜歡的是什麼？如何將喜歡的事物，變成屬於我自己的？

如果爲了適應而過著努力內化的生活，就不需要再將適應與日常生活分開，專業性與眞實性是一致的。

許多人即使目前工作穩定，仍因對未來感到不安而持續學習著，像是考取咖啡師證照，或下班後去上寫作課等。但是，這些嘗試都很難具有實際的競爭力，因爲難以體現在身上的實際成果，就像是每天都在參加一個單日課程。

如果不只是學習新技能，而是革新日常工作的方式，會帶來什麼樣的改變呢？舉例來說，若能將數據分析和決策流程融入自己的工作方式，或者改善每一項工作任務，這個革新過程本身就成爲了學習的過程，並可以轉化爲競爭優勢。

要做到這一點，最重要的是，要工作，更重要的是，不能交給他人代爲實行。有些人會誤以爲將工作交給他人也是在工作。我偶爾會在演講時進行這樣的對話，「您從事什麼工作？」「行銷相關的工作。」「哪方面的行銷工作？」「強化公司品牌的傳統和亮點的工作。」「具體來說，做哪些工作內容？」「製作廣告、提供宣傳內容、透過線下廣告舉辦各種活動。」「誰負責做這些工作？」「代理公司。」然而代理公司還會再轉包出去，這就不是自己做的工作，以爲做這些就是所謂工作，實際上並非如此。

不能交給他人代爲實行，必須自己親自負責。隨著社會日漸忙碌與複雜，每個人的工作正在分工化，甚至可以全球集中統一採購。就算我們仍辛勤工作著，卻只分屬在結構的其中一環，沒有機會看見整個大局。工作過於專門，與整體的關聯性逐漸模糊，也難以掌握結果會是如何，如此一來，終究會在某個瞬間被排除在外，因爲分工的工作，總有一天會流程化，接著就會變成自動化。

因此，我們需要能夠綜合看待自身作用的整體觀，以及提升熟練度與觀點的工作，將手上的工作昇華爲一個「行業」。我認爲，這樣精進自己生活的過程中，自然而然會獲得的「生活肌肉」就是「成長」。

從前的船夫一輩子都沒有去過健身房，卻有著帥氣的肌肉，這就是生活肌肉。透過一天一天的工作，我們的體內會留下肌肉，這種生活肌肉就是成長的指標，既不是爲了鍛鍊肌肉而運動，也不是爲了成長而生活，而是持續適應生活的結果。

換句話說，成長不是目標，而是在過程中獲得的勳章。親自工作而留下的成長結果，會爲自己帶來競爭力，因此，我們要與時俱進。生活像持續的流，既不是一時的，也不會停止。爲此，我們大致上需要三樣東西。

第一個是理性思維。

數據會留下，每個人的紀錄都會成爲自己的訊息，因此不應不經思考地嘗試。特別是在不需要面對面就能合作的世界裡，理性思維變得非常重要。現在，數據素養、統計分析能力和基於數據的決策力將成爲每個人所需的必備技能，這三點可以說是成爲聰明人的平臺。如果希望與他人思維一致，就必須共享公認的資訊。這是由數據、系統和數據素養的總和所構成的平臺。

第二個是工作的眞實性。

滿足理性思維後，應該重新定義和嘗試應用在自己的工作中。我們必須言行一致，不能相互違背，因此，工作所需的專業知識是基本的，此外我們不僅要追求自我，也應追求職業道德。眞實性即是自我道德，因爲工作本身就是許多人協議後的分工系統，所以這些都要從社會角色的框架來看待。

第三個是建立在眞誠合作的基礎上，最終會走向共存，同時也是成熟共存的形式。

以前，共存的方式是「你做這個，我做那個」，現在則需要建立一個能夠共同創造公共利益的社群，透過互相關心合作來實現這一目標。這是因爲人際關係變得更加複雜了，以前只需要和幾十個人建立關係，現在透過數位化，我們可以與數百萬人建立關係。隨著關係的擴大，共存的概念需要更加成熟。

理性思維、工作的眞實性與成熟的共存形式，將成爲我們未來需要學習的重要問題。儘管這些議題在學校中有所涉及，但在學校教育後便缺乏進一步的學習。隨著世界變化加速，我們需要保持與時俱進。

當然，或許也因爲過去的生產技術並沒有太大的變化，對與時俱進的要求不高，以當時既有的競爭力，再加上人類的壽命很短，足以維持一輩子的生計。現在則相反，創新速度加快且壽命延長，比起工作的時間，人類的壽命更長。因此，對工作保持與時俱進的要求會更高，即使是成人，也需要接受時時更新教育。

這就是我認爲的「再社會化（resocialization）」。現在需要擴展教育領域，不只是教育年輕一代，還需要教育成年人，讓他們能適應生產方式和社會結構的變化。

再社會化既是個人的重要任務，同時也是組織必須發揮的作用。現在也有許多企業針對管理者進行強化能力的培訓。海外企業則認爲，更新自己的能力完全是個人的責任，如果不能做到，就會被淘汰。但是，韓國直到不久前，仍採用終身雇用制度，給予員工機會，同時努力進行強化能力的培訓。最近的議題，應該是數位轉型（DT，digital transformation）。

雖然投入資源培養每個人的能力很重要，但我想建議大家，將這個責任交給個人，同時組織爲了共同成長，應更進一步思考再社會化。現在，傳統的價值觀和制度已經不再有效，例如「尊卑有序」、「上下級關係」和統一服裝等，取而代之的是需要結合各自專業的工作，以產生協同效應。

如同前面提過的，以前是相似的人聚在一起互相幫助的結構，現在則變成像復仇者聯盟一樣，已經具備完善工作能力的人才會一起做事，因此，個人需要努力以成爲準備就緒的狀態。而支持合作，好讓已經完備的人一起工作，將成爲組織最主要的作用。

現在，升職已不再是工作的動力，我們需要關注這個問題。「我們所做的是一件很棒的事情」，這是一個好的口號，如此是出於正義感的動機，「我認爲你很擅長這份工作」也不錯。畢竟再用「必須做這個才能拿到薪資」或「必須做這個才能升職」之類的話，已經很難激勵員工的工作動機。我們需要理解這種價值觀的變化，努力使組織的思維體系符合當前的標準。

不久前，我爲一家大型製造企業的新進職員進行研習演講，但因爲新冠疫情延誤了幾個月，所以在這段期間，每個人的公司生活都有了一些感受。爲了創新，他們請我說出公司的問題。

有趣的是，有人提到了剩飯的問題。每當在員工餐廳留下剩菜時，他都會感到內疚，所以想舉辦消除剩飯的活動，請我調查大家剩飯的原因。結果，第一個原因是餐盤不好看，員工餐廳使用的是學校或軍隊中的分格餐盤，所以愈吃愈沒胃口，這是有可能的。

第二個原因是，如果和前輩一起吃飯的話，前輩會很快就吃完，接著盯著自己看。這種情況讓他覺得不舒服，所以和前輩聊天時，就會不由自主地提到上午的失誤，然後前輩一面問「你爲什麼不吃這個？」，一面開始出主意，最後實在難以下嚥就把飯扔掉了。因此，他認爲新冠疫情讓他很愉快，因爲現在可以一個人面對牆壁吃飯。

我遇到的一些白手起家的老牌中小企業，員工餐廳都非常優質，經常提供三餐，然而這是否代表員工也同樣喜歡呢？爲了避免員工聚在一起用餐，公司重新佈置了餐廳，同時卻也擔心這會影響員工之間的團結。出人意料的是，員工們都非常喜歡這樣的改變。提供三餐意味著公司常常需要加班，這是否意味著公司社長明白，應聘者會先無條件理解這一點，然後再自行篩選呢？

就像這樣，每個人的想法都不同。公司仍使用「一鍋飯」的傳統概念，員工們卻帶著「請不要在吃飯時打擾我」的心態用餐。在上班族論壇中充斥著各種奇怪的事情，例如因爲部長得知清麴醬的功效，連續兩週午餐都是清麴醬湯，該貼文下方同時也出現類似的留言，比方「我也連續兩週都吃明太魚湯」。還有因爲部長經常喝酒，所以中午員工被動員去吃解酒湯，接著出現這類言論：「吃血腸湯要點內臟，你不會吃啊？」，然後湯中被倒入了辣蘿蔔塊。或者因爲剪了冷麵被抨擊，所有的言論都假裝成教育的姿態，基本上都很無禮。提出對你所有日常生活的忠告和限制想法，本身就是無禮的。

因此，我再次強調需要進行社會化。即使只是爲了共享，過去部長所認知的垂直關係，這種方式其實已經不再適用，我們仍需進行社會化。當終身雇用已不再普遍時，我們更應該關注並尊重每個人。在觀念衝突之下，若部長無法未能再社會化，他就不會意識到彼此之間的平等，反而會生氣地說：「這些傢伙豈敢這樣？」

我也無法脫離社會化。我和二十到三十多歲的同事們組成了研究小組，一起學習了十多年。一開始，我的目的是要分享我的經驗，但不知道從什麼時候開始，我發現自己也從他們那裡學到了很多東西。儘管使用數據觀測變化，但有時自己無法親身體驗，這時他們就成了變化世界的嚮導。

當然，這裡有一個前提，那就是每個人的資質都必須是優秀的。在這個前提下，共同前進的文化愈加重要，而不是競爭。因爲人們在一起學習可以獲得更多的知識，同時在討論中產生的加乘效應也是非常珍貴的。如果身邊有像師兄師弟般的同伴，那當然是一件好事。相反地，如果成員之間沒有形成良好的合作關係，就很難提出新的想法，即使是微不足道的想法，也很難在缺乏勇氣分享的情況下實現。如此一來，人們會逐漸意識到在水平文化中，與優秀的同事一起工作是非常重要的。

因此，與時俱進更爲重要，需要不斷更新自己的背景能力或經驗，即使擁有豐富的工作經驗，仍然得不斷學習，換句話說，這是生涯管理的重要部分。

即使年紀漸長，也要不斷地努力。無論是在工作中，還是在個人生活中，人類都需要互動才能生存，因此共同成長的努力是個終身課題。

理性思維

工作的眞實性

成熟的共存

이성적 사고

업의 진정성

성숙한 공존

後記

十年後，我希望能再次感到羞愧

十年，究竟是多長的時間呢？我曾看到過一篇報導，講述了一位十多歲時就出道，並持續發表好音樂的歌手。出道十年後，他終於在流行音樂頒獎典禮上獲得了大獎。報導以一萬小時的法則表示祝賀，這個法則是心理學家安德斯·艾瑞克森在一九九三年提出的，指的是每天投入三個小時的努力，持續十年，才能達到專家的境界。我們之所以對那些花費二十年苦練，以替父報仇的武俠小說英雄敬佩，可能是因爲我們都太清楚，新年的減肥計畫早已在昨晚的炸雞外送中被拋諸腦後了。

雖然拿出十多年前的分析資料時，仍舊對於變化的既視感感到驚訝，但另一方面，資料的呈現手法及外觀，彷彿從老電影中登場人物的時尚一樣，顯得俗氣。當時自己是如此有自信地製作，還拿去與內外部門共享的資料，從現在的角度來看，仍有許多不足之處，不禁感到尷尬與羞愧。

回顧十年前不覺臉紅，我再次想起的是，希望即使在十年後仍能感受到相同的情感。這是因爲有一種安心感，知道自己至少不是停滯不前，而是在慢慢進步。除了持續熟練相同的事情，還要「士別三日，刮目相待」，就像《三國志》中呂蒙的故事一樣，爲了變得更好而努力，這不就是我們生活的意義嗎？

隨著年齡增長，許多成年人都感覺時間流逝得更快，科學家們嘗試用各種方法來解釋這種現象。這可能是由於多巴胺分泌減少或感覺的變化所致，也可能是生活中的「責任」，如同重複的例行公事令人感覺很忙碌，但是，這種繁忙是否有助於我們的成長呢？與其像《小王子》中的酒鬼一樣，爲了忘卻空虛而繼續喝酒，然後相互問候「很忙吧？」，或許應該停下來思考爲什麼這麼忙呢？

未來正在被創造，現在就是未來的開始，每個人的願望凝聚起來，就會產生變化。理解這種變化的工作被有些人稱爲直覺，而有些人稱之爲預測，有些人稱追隨變化的生活爲順理成章，有些人稱之爲適應。

隨著智能化的連接、科學技術的發展，變化成了現代人的宿命，甚至必須跟上變化的速度，才是我們的課題。倘若走得太快，就無法得到共鳴；走得太慢，就被稱爲「老古板」而受指責。

爲了適應不斷變化的方向和速度，或許可以重新思考自己的人生方向。不要只是輕易地先說「挑戰！」，而是要認眞投入適應變化的過程。所謂「認眞」是指明確地理解，並專注地投入其中，勤奮不應只是執著而不思考的努力，而是需要思考並勤奮努力。這就是我所強調「不要只是做就對了（Don't Just Do It）」的原因。

新時代的專家不是只有憑藉學歷、工作經驗或履歷表的專業人士，也不是單純的狂熱愛好者，只有具備根本的熱情和專業素養，並且能夠打造自己的品牌，這樣的個體才能夠生存下來，願意深入研究的人，才能夠生存下來。當你深入研究，你會變得更加持久，自然而然地形成歷史，在這個過程中，你將擁有一批信任並支持你的粉絲，這不就是品牌化的意義所在嗎？

現在，那些具有深厚內涵和專業素養，並且能夠自行建立品牌形象的個人，可以發揮更大的影響力。隨著科學技術的發展和系統化，以前只有大型組織才能完成的任務，現在可以由團隊完成，而以前團隊能夠完成的任務，現在可以由個人完成。

爲此，我們需要努力創造屬於自己的東西，並透過與時俱進，具備自身的能力和社會性，最終是再社會化。再社會化是保持清醒的努力，不停留在過去的標準上，而是根據當前的變化接受創新的態度，讓我們存在於現在直到未來，而不是過去。

爲了實現這個目標，我們需要有對現有社會的潮流說「不」的勇氣，如果確定了方向，無論速度快慢，會發生的事情就會發生。因此，即使當前還沒有人接受你的想法，也不要灰心喪氣，從今天開始行動吧。

希望這本書可以成爲各位衡量社會變化的方向，並思考創造自我未來的起點的時間。

再度期待下一個十年後的羞愧。

亞當斯密 025

個人時代：不能只是去做，重點是你「想」怎麼做！

그냥 하지 말라
당신의 모든 것이 메시지다

作者｜宋吉永（송길영）　　譯者｜曹雅晴

堡壘文化有限公司
總編輯｜簡欣彥　副總編輯｜簡伯儒　責任編輯｜倪玼瑜　行銷企劃｜游佳霓
封面設計、內頁排版｜IAT-HUÂN TIUNN

讀書共和國出版集團
社長｜郭重興　　發行人｜曾大福
業務平臺總經理｜李雪麗　　業務平臺副總經理｜李復民
版權部｜黃知涵　　印務部｜江域平、黃禮賢、李孟儒

出版｜堡壘文化有限公司　　發行｜遠足文化事業股份有限公司
地址｜231 新北市新店區民權路 108-2 號 9 樓　電話｜02-22181417　傳真｜02-22188057
Email｜service@bookrep.com.tw　　郵撥帳號｜19504465 遠足文化事業股份有限公司
客服專線｜0800-221-029　　網址｜http://www.bookrep.com.tw
法律顧問｜華洋法律事務所　蘇文生律師
印製｜呈靖彩藝有限公司　　初版 1 刷｜2023 年 7 月　定價｜420 元
ISBN｜978-626-7240-54-0／978-626-7240-55-7 (EPUB)／978-626-7240-56-4（PDF）

國家圖書館出版品預行編目 (CIP) 資料

個人時代：不能只是去做，重點是你「想」怎麼做！/ 宋吉永作；曹雅晴譯. -- 初版. -- 新北市：堡壘文化有限公司出版：遠足文化事業股份有限公司發行，2023.06

面；　公分. -- (亞當斯密；25)

譯自：그냥 하지 말라 : 당신의 모든 것이 메시지다

ISBN 978-626-7240-54-0(平裝)

1.CST: 資訊社會 2.CST: 未來社會 3.CST: 趨勢研究

541.415　　112005701